YVON PICOTTE

Se transformer
pour transformer le Québec

Les Éditions Quebecor

LES ÉDITIONS QUEBECOR
Une division de Groupe Quebecor inc.
7, chemin Bates
Bureau 100
Outremont (Québec)
H2V 1A6

Distribution : Québec Livres

© 1993, Les Éditions Quebecor, Yvon Picotte
Dépôt légal, 3e trimestre 1993

Bibliothèque nationale du Québec
Bibliothèque nationale du Canada
ISBN : 2-89089-571-8

Éditeur : Jacques Simard
Coordonnatrice à la production : Sylvie Archambault
Correctrice : Jocelyne Cormier

Je dédie ce livre
à ma femme Ginette, à ma fille Marie-Hélène
et à mon fils Marc-Antoine.

Je remercie ma famille, mes amis et collaborateurs qui, chacun à leur façon, m'ont permis de mener à bien la réalisation de ce livre.

Oser croire. Oser dire.

« *Le vrai miroir de nos discours
est le cours de nos vies.* »

Montaigne

En finir avec le fatalisme ambiant

Le temps est à la morosité et aux idées sombres. Pour être dans le ton, il faut parler de pessimisme et évoquer des horizons fermés. Comprimer les dépenses. Et si l'on se fie à ceux qui affichent une humeur chagrine, il ne faudrait pas — il ne faudrait plus — que l'on prenne plaisir à vivre ou à s'imaginer un avenir heureux; d'ailleurs, ces gens qui tiennent un tel discours ont si bien réussi à imposer leurs vues que ceux qui osent encore parler de satisfaction personnelle, de plaisir et de prospérité le font avec retenue, j'allais dire avec gêne. Comme s'il était tout à coup devenu indécent de parler de bonheur et d'avenir.

Moi, je vais le faire.

Je crois non seulement que c'est encore possible, mais que c'est également la seule voie qui nous permette de nous donner une perspective d'avenir. À la pensée sèche et fermée qui prévaut, je veux opposer une pensée imaginative et ouverte. Au fatalisme ambiant, je veux répondre par une détermination constructive. Au pessimisme et au défaitisme, je dis non, je dis : espoir. C'est Georges Bernanos qui disait : « L'espérance est un risque à courir. C'est même le risque des risques. »

Apprentissage de vie

Il y a quatorze ans, dans ma vie personnelle, plus rien n'allait. Je ne me voyais plus d'avenir, les pensées suicidaires me poursuivaient. J'étais — je suis — un alcoolique, mais à cette époque je consommais. Trop, bien sûr. Parce qu'on consomme toujours trop lorsqu'on est alcoolique. J'aurais pu abdiquer, me décharger de mes responsabilités sur les autres, je l'ai d'ailleurs fait pendant un temps. J'aurais pu tirer le rideau aussi. J'aurais pu faire des tas de choses pour ne pas avoir à réagir face à ce que je vivais.

Mais j'ai décidé d'agir — dans ma tête.

Curieusement, dès le moment où j'ai pris cette décision, où j'ai admis — mais c'est toujours ce qui est le plus difficile — que j'avais un problème, j'ai été placé devant un choix : me complaire dans ma situation ou essayer d'entrevoir les solutions qui s'offraient à moi. Comme personne ne peut raisonnablement prendre plaisir à souffrir, j'ai choisi la seconde solution. Ça m'a obligé à faire un inventaire moral et personnel. Je me suis aperçu que j'avais beaucoup de qualités, mais que, en fait, je n'avais jamais vraiment cherché à en tirer parti. Des défauts, bien sûr, j'en avais comme tout le monde, mais ils avaient pris pour moi des proportions si démesurées qu'ils me semblaient insolubles, et j'avais naturellement balayé d'un revers de main l'idée que je pouvais m'en débarrasser. Ce bilan personnel m'a donc permis d'envisager une tout autre perspective d'avenir. Celui-ci ne me semblait plus aussi sombre.

Et plus rapidement que je n'aurais jamais osé l'espérer, j'ai réussi à transformer radicalement ma vie.

Pourquoi? Comment? Est-il possible — réellement possible — que ce ne soit qu'à cause de cette lueur d'espoir que j'avais entrevue? Je le crois. Comme ce constat que j'ai fait, et que des milliers et des milliers d'autres individus engagés dans les mouvements d'entraide pour alcooliques ont également fait, je crois que c'est quelque chose que l'on pourrait appliquer à l'ensemble de la collectivité. Parce que, à mon avis, le problème fondamental auquel nous devons faire face se trouve dans nos têtes, dans notre manière de penser et de voir les choses, cela peut s'appliquer aussi bien dans notre vie personnelle que dans notre vie collective. Car — et c'est là que le parallèle est intéressant — je crois que dans la société, comme chez les alcooliques, notre perception des problèmes a pris une ampleur et une complexité démesurées. Pour trouver une solution, il faut donc revenir aux questions de base, à l'essentiel.

Qui sait si la solution ne réside pas, d'abord et avant tout, dans la pensée positive? Je ne crois pas que ce soit en nous lançant aveuglément dans l'action que nous parviendrons à la trouver. Il faut, avant d'agir, revoir les principes philosophiques qui nous animent.

Revoir notre manière de penser et d'être.

Qui sait si notre avenir collectif, notre idée de l'avenir collectif, ne s'en trouverait pas, du coup, modifié?

Que risque-t-on à essayer ?

Dans cette optique, force est de reconnaître que nous avons peut-être accordé trop de force et de pouvoir au rationnel théorique et sec, en mettant de côté toutes notions de valeurs. C'est ce que l'on fait, par exemple, lorsqu'on demande à un ministre des Finances, si bon soit-il, de régler ce que j'appelle le problème de la gouverne — c'est-à-dire d'établir les orientations, les lignes directrices. Ce n'est pas son job. C'est même incompatible, en un certain sens, avec son job. Parce que lui, son job, ce sont les colonnes de chiffres à aligner et à équilibrer. Un point c'est tout.

Ne demandez pas à ce système de tenir compte des valeurs.

Si l'on pousse cette réflexion jusqu'au bout et qu'on la transpose dans l'entreprise privée, cela voudrait dire, en quelque sorte, qu'on se laisse imposer ses orientations par son comptable.

Pourtant, c'est exactement la situation qui prévaut dans nos gouvernements actuels.

Or, dans une période comme celle que nous vivons présentement, c'est encore moins le temps d'agir ainsi, puisque tout comptable auquel on demande de régler de tels problèmes aura comme unique solution des solutions «finance».

Rien d'autre.

Pas d'orientations. Pas de lignes directrices. Des compressions, des économies. Mais, ce faisant, on limite encore nos perspectives d'avenir.

Il faut réaliser que nous sommes un État et que le client d'un État, c'est la collectivité. Tout comme pour n'importe quelle autre entreprise — pour ceux qui tiennent absolument à ce que l'on trace un parallèle avec l'idée d'entreprise —, son objectif devrait être de satisfaire aux besoins de son client, pour le rendre heureux et le stimuler. Mais voilà! Dans notre entreprise à nous — quand je dis « nous », je parle de la société —, on ne parle pas à ceux qui auraient des idées pour améliorer le produit ni même, plus simplement, à ceux qui pourraient avoir une idée de ce que le client veut vraiment. Nous ne parlons pas aux vendeurs, nous ne parlons pas aux experts en marketing, nous ne parlons pas aux gens de la recherche et du développement. Nous ne parlons pas aux clients — tout le monde semble d'ailleurs s'en moquer! Nous n'évoquons et ne parlons que de compressions ou, pour que cela passe mieux, de rationalisation.

Le système actuel est dépassé, on en a la preuve à la lumière des résultats : il est gros, omnipotent et trop déshumanisé. Ce n'est pas pour rien que tout individu qui se retrouve, un jour, pris dans les rouages du système en vient à la conclusion que l'État n'écoute plus. L'État travaille pour l'État. C'est un non-sens. Mais c'est dire aussi combien il faut le repenser. Le redéfinir.

Il faut créer une dynamique qui tienne compte de l'individu et de ses nouveaux besoins dans une ère de modernité. Ce n'est qu'après que l'État pourra exiger la réciprocité. Un État au service de la collectivité et une collectivité au service de l'État.

Pour se rapprocher du but, il faudra mettre de côté les vieux discours, mettre de côté la «langue de bois», mettre de côté l'idée que la dialectique à laquelle nous devons prioritairement nous affairer est celle de la question nationale. Nous devons nous affairer à toutes choses, à toutes questions touchant le devenir de notre société, depuis et surtout la création de la richesse, jusqu'au réalignement des forces vives du Québec (je pense aux jeunes), dans un nouveau contexte qui, je le crains, sera impitoyable à l'endroit des sociétés molles. Et si au passage, nous devions faire acte d'humilité et constater que, comme prérequis de société, des modifications importantes à notre système politique sont nécessaires, alors nous nous y obligerons résolument.

Première partie
Vivre avec soi

Je suis toujours un alcoolique

« Être sensible est une chose, et sentir en est une autre.
L'une est une affaire d'âme,
l'autre une affaire de jugement. »

Diderot

Ce n'est plus un secret pour personne que j'ai dû faire face à un problème d'alcoolisme. Que je suis toujours aux prises avec un problème d'alcoolisme. Parce que je suis de ceux qui croient que l'alcoolisme est une maladie. Je n'amorcerai pas dans ces pages un débat à savoir si j'ai raison ou si j'ai tort, je pense que cela importe peu. Ce qui compte, ce qui compte vraiment, c'est de s'en sortir. Mais, pour moi, je suis toujours un alcoolique.

Sobre.

Heureux.

Si bien qu'après quatorze années de sobriété sans rechute, je suis intimement persuadé que rien ni personne au monde ne pourraient me convaincre de consommer de nouveau de l'alcool, ne serait-ce qu'un verre. Je dis que j'en suis intimement persuadé parce que j'estime que, pour moi, c'est ni plus ni moins une question de vie ou de mort.

Si je bois, je perds tout.

Simpliste, diront certains. Peut-être. Mais un alcoolique, c'est une personnalité complexe, compliquée aussi. Et comme je sais que je suis quelqu'un de compliqué, eh bien, je cherche à ne pas me compliquer la vie!

Quatorze ans de sobriété — le 21 mars 1993. Le changement de saison. Le printemps commence là.

Ma vie aussi a vraiment commencé là.

Pour en finir avec mes peurs

Au mieux de mes souvenirs, j'ai bu mes premiers verres d'alcool à vingt-deux ou vingt-trois ans, à l'époque où je commençais mes études à l'externat. Je veux dire que j'ai bu mes premiers verres et que ça m'a fait quelque chose.

Je n'aimais pas — et je n'ai jamais aimé — le goût de l'alcool, mais j'aimais le feeling que j'en retirais. Parce que, jusque-là, j'avais toujours été lourdaud, un peu pataud même. On tournait mon nom en dérision, on se moquait ouvertement de ma taille déjà un peu forte, on riait de mon manque d'assurance, j'étais plus ou moins le souffre-douleur des autres. Je faisais mine d'en rire, mais, au plus profond de moi-même, j'étais blessé. Je souffrais. Je détestais ceux qui faisaient de moi une victime; c'est ainsi, du moins, que je voyais les choses. Je me disais aussi qu'un jour j'allais prendre ma revanche...

Alors, quand j'ai commencé à prendre un verre et que je me suis découvert une seconde personnalité, j'ai commencé à voir les choses différemment. Je n'avais plus peur des autres. Je me découvrais cette assurance qui m'avait toujours manqué jusque-là. Je pouvais être drôle, amusant, mais aussi et surtout je réalisais que, lorsque c'était nécessaire, ma taille me permettait de faire face à n'importe qui et à n'importe quelle situation, et que j'étais capable d'être cinglant dans mes reparties.

Tout devenait donc plus facile. Plus facile de m'amuser et d'avoir du plaisir, plus facile de développer mes relations avec les autres, plus facile de prendre des initiatives, plus facile de me débrouiller, quoi! Une situation fantastique pour quelqu'un de timide comme je l'étais. Parce que mon problème, c'était ça : la timidité. L'incapacité de partager mes sentiments et mes émotions. D'où la désagréable impression d'être toujours seul.

L'alcool devenait en quelque sorte un remède à mon mal de vivre.

La situation n'empira pas vraiment au cours des années qui suivirent, sans doute parce que j'avais d'autres préoccupations et de nombreux centres d'intérêt. J'avais terminé mes études, j'étais devenu professeur dans une école secondaire où je ne tardai pas à être nommé directeur des cours aux adultes. Plus tard, on me confia la responsabilité de ces cours dans deux autres écoles. Je m'attarde à raconter cette période parce qu'elle a eu son importance dans ma vie, même si je ne devais le réaliser que plus tard.

On se rappellera que, durant ces années-là, on commençait à s'intéresser à la formation de la main-d'œuvre. Plutôt que de simplement verser des allocations d'assurance-chômage, on tentait de convaincre les gens de revenir sur les bancs d'école pour reprendre leurs études ou parfaire leur formation afin d'être mieux adaptés au marché du travail. En guise d'incitatif, on rémunérait ceux qui s'y inscrivaient. C'est au cours de cette période et dans ce contexte que j'ai été confronté pour la toute première fois au problème de l'alcoolisme. Beaucoup de ceux qui s'inscrivaient à ces programmes — et ce n'est pas un jugement que je porte, mais plutôt une constatation que je tiens à souligner — souffraient d'alcoolisme : ils prenaient un coup parce qu'ils n'avaient pas de job, mais ils n'avaient pas de job parce qu'ils prenaient un coup. Le principe du chien qui court après sa queue, quoi!

Cela engendrait toutes sortes de problèmes. Par exemple, nombreuses étaient les conjointes, car c'étaient surtout des hommes qui vivaient ce genre de problème, qui venaient me voir pour me raconter le drame qu'elles vivaient : aussitôt que le mari avait en main son chèque de prestation, il se rendait au bar ou à la taverne du quartier pour tout dépenser. Le lendemain, il ne lui restait plus un sou. On me demandait de faire quelque chose.

J'étais bien d'accord, mais quoi?

Pour moi, c'était un problème que je ne connaissais pas. Comme je l'ai dit, je ne buvais que très rarement et tout me semblait normal. Et je dirais même qu'à cette époque j'avais encore en horreur l'alcool et les gens qui ne savaient pas contrôler leur consommation. Je ne comprenais pas comment ils pouvaient se complaire dans ce genre de situation. Je prêchais la vertu d'abstinence, mais j'estimais que ce n'était pas suffisant, que je devais faire quelque chose. M'engager. Et — est-ce un hasard? — au moment où je cherchais comment faire, un de mes amis, l'abbé André Martel, vicaire à Louiseville, me demanda si je n'avais pas un peu de temps à consacrer à la mise sur pied d'une clinique externe de Domrémi dans la municipalité. C'était un besoin criant, disait-il, parce que certains allaient en thérapie fermée à Domrémi de Pointe-du-Lac, mais qu'ils étaient laissés à eux-mêmes après leur séjour là-bas.

Comme j'avais encore un peu de temps libre — j'étais déjà occupé dans ma communauté à différents titres — et que je croyais que cela pouvait aussi être utile pour les gens avec qui je travaillais, je me suis intéressé à l'ouverture de cette clinique externe où l'on a commencé à tenir des réunions, des conférences, des forums. On voulait que ça devienne un instrument valable pour ceux qui cherchaient à s'en sortir.

Ça a bien fonctionné. Le plus curieux dans tout ça, chacun l'aura remarqué, c'étaient ma sévérité et ma distanciation face au problème de l'alcoolisme. C'était quelque chose qui m'était totalement étranger. Je devais cependant réaliser, quelques années plus tard, que Dieu m'avait en quelque sorte mis sur la piste, qu'il m'avait permis d'aider les autres, sachant qu'un jour, à mon tour, j'allais faire face à ce même problème et que j'aurais besoin d'aide.

C'est du moins de cette façon que je décode aujourd'hui les événements.

Le bon gars du comté

Comme je l'ai souligné, j'étais déjà pas mal engagé dans ma communauté. Cherchait-on quelqu'un pour mousser une cause ou une autre, j'étais là. C'est d'ailleurs probablement pour cela que les gens de ma région m'ont encouragé à me lancer en politique.

Pourquoi pas, me suis-je dit? Si je peux changer des choses...

Lors de ma première expérience en politique active, en 1970, j'ai eu fort peu de temps pour m'organiser. Non seulement étais-je un candidat de dernière minute, mais je me présentais aussi contre ce qu'on peut appeler un gros canon de l'Union Nationale, Rémi Paul, qui était alors ministre de la Justice dans le cabinet Bertrand. Je savais pertinemment que je n'avais pas beaucoup de chances, mais j'ai tout de même décidé de foncer et de me présenter en me disant que si j'avais une deuxième occasion, je réussirais à montrer aux gens de mon comté que j'étais le gars qu'il leur fallait.

Ces premières élections, je les ai perdues — par quelques voix, mais je les ai tout de même perdues.

Je gardais cependant en têtc les élections suivantes. Et dès le lendemain de celles de soixante-dix, je commençai à travailler sur le terrain. Puisque, la première fois, j'avais été battu parce que je m'étais décidé à la dernière minute et que, finalement, j'avais manqué de temps, j'étais bien décidé à m'y prendre autrement. J'entrepris donc de participer à tous les événements du comté, aussi bien publics que privés : festivals, foires, mariages, anniversaires, etc. Je pris part ainsi à pas moins de cent événements par année, dans mon seul comté!

On commençait à me vanter, à me dire : « Tu vas être notre prochain député », « tu vas battre Rémi Paul facilement », « t'es le gars le plus populaire de la région », etc. Ça me plaisait parce que j'avais le sentiment de travailler utilement, de faire quelque chose de valable, d'être apprécié.

Lorsqu'arrivèrent les élections de 1973, j'étais prêt. J'avais quelque chose à offrir à mes gens et je croyais en mon potentiel et en celui de ceux qui m'entouraient. Aidé par la vague libérale de cette année-là, je fus élu avec plus de cinq mille voix de majorité — j'ai d'ailleurs presque fait perdre son dépôt à Rémi Paul qui était pourtant le leader de son parti en Chambre.

J'étais le bon gars du comté!

Je venais aussi d'emprunter une pente qui aurait pu m'être fatale, je l'ignorais encore. Attention, cependant : ce n'est pas parce que je suis allé en politique que je suis devenu alcoolique, c'est simplement que la politique m'a amené à découvrir une partie de moi-même. Je n'aurais jamais consommé d'alcool de ma vie que j'aurais quand même été alcoolique — c'est clair dans mon esprit. Si tel avait été le cas, personne ne l'aurait su, pas même moi.

Mais, devenu député, j'ai commencé à recevoir de plus en plus d'invitations et à les accepter, bien sûr, parce que je voulais demeurer le plus près possible des gens de mon comté. Mais qui dit invitation dit le verre de l'amitié. On assiste à un baptême et on prend le verre de l'amitié; on assiste à des funérailles et on prend le verre de l'amitié; on assiste à l'intronisation d'un curé dans une paroisse et on prend le verre de l'amitié. Bref, quelle que soit l'occasion, il y a le verre de l'amitié.

Et même si je n'aimais toujours pas le goût de l'alcool, j'acceptais volontiers ce verre. Pour faire plaisir aux gens, mais aussi parce que l'homme timide et réservé que j'étais se transformait en un personnage beaucoup plus à l'aise socialement. Et parce que j'étais plus à l'aise, que j'avais plus d'entregent, les gens me trouvaient encore plus sympathique; aussi, lorsque j'acceptais un verre, on m'en servait un double ou un triple.

Parce que j'étais un bon gars!

Le mal à l'âme

À la fin de 1974, au début de 1975, les choses ont commencé à changer. Je me sentais plus à l'aise avec cette seconde personnalité qui apparaissait après quelques verres d'alcool; je me trouvais plus intéressant, plus volubile, je trouvais facilement des solutions à tous les problèmes. L'alcool ne transformait donc pas seulement la vision que j'avais des choses et des gens, mais également celle que j'avais de moi-même.

Je me sentais tout à coup beaucoup plus capable.

Si bien, d'ailleurs, qu'à partir de ce moment je me dépêchais de boire mes premiers verres — toujours en grimaçant — pour sentir la transformation s'opérer le plus rapidement possible. Je ne voulais plus vivre qu'avec ma seconde personnalité. C'est ainsi que je suis passé du verre de l'amitié au verre par obligation. Quelques verres de plus à l'heure du lunch pour commencer, quelques autres en fin d'après-midi pour me relaxer, et quelques-uns encore en soirée pour accompagner les autres. Finalement, j'en arrivai au verre du matin pour... commencer la journée du bon pied! Mais quand on boit son premier verre avant sept heures, il est entendu qu'avant la fin de la matinée on a perdu une bonne partie de sa capacité de fonctionner.

On a beau croire que personne de son entourage ne s'en aperçoit parce qu'on prend la peine de camoufler l'alcool dans un jus de fruits, personne n'est dupe. La première fois d'ailleurs que quelqu'un nous fait une remarque, le plus souvent en sous-entendu, on se met en colère parce qu'on était persuadé que personne ne s'en rendait compte. Comme si notre titubation, notre démarche chancelante et nos difficultés d'élocution ne trahissaient pas notre problème!

Du coup, on se sent inutile.

Et on culpabilise.

Mais l'alcoolique a cette facilité incroyable de se justifier et de trouver les réponses qu'il souhaite entendre. Ainsi, lorsque j'estimais avoir dépassé les bornes un soir, dès le lendemain matin j'allais voir un collègue que je savais être tolérant, peut-être parce qu'il avait le même problème que moi, pour lui demander si j'avais eu un comportement déplacé. La réponse était immanquablement la même : « Allons donc, Yvon! C'était juste le fun! On s'est bien amusé... » Certes, si j'avais posé cette question à quelqu'un d'autre, la réponse aurait été bien différente.

Mais ce n'était pas cette autre réponse que je voulais entendre. Aujourd'hui, j'appelle ça trimbaler la vérité sans précaution. Ça me permettait de me justifier face à moi-même, et c'était tout ce dont j'avais besoin. Et puis, cette culpabilité et ces doutes ne duraient guère : j'étais trop occupé à prendre un coup pour m'arrêter et m'interroger sérieusement.

Ivre ou à jeun, je n'étais pas bien dans ma peau.

Je souffrais du mal à l'âme. Et il est évident que, dans un tel état d'esprit, je n'étais pas tellement productif. Je ne pouvais guère être réfléchi ni prendre de bonnes décisions. Je n'étais bien avec personne et n'étais bien nulle part. Lorsque j'étais à Québec, par exemple, je m'ennuyais terriblement de Louiseville, de ma famille, de mon entourage, des gens de mon comté. Lorsque j'étais à Louiseville, je m'ennuyais à mourir de Québec.

C'était assez paradoxal comme situation, puisque autant la solitude m'effrayait, autant je la recherchais bien malgré moi. Ainsi, quand je quittais Louiseville pour retourner à Québec, pendant tout le trajet en automobile je suppliais Dieu, le priant de ne pas permettre que je perde le contrôle de ma consommation d'alcool, de faire que je boive convenablement, comme du monde. Mais, en même temps, à peine avais-je emprunté le pont Pierre-Laporte que toutes mes bonnes intentions disparaissaient. Je pensais à ces journées que j'allais passer seul et pendant lesquelles je souffrirais de solitude. Pourtant, je poussais un soupir de soulagement parce que je savais que j'étais loin de chez moi, loin des gens que je connaissais, et que je pouvais en somme m'enivrer sans que personne s'en aperçoive puisque j'étais un buveur solitaire. Pour être bien sûr de ne jamais manquer d'alcool, quelle que fût l'heure, j'avais quitté un appartement de fonction pour m'installer à l'hôtel. Il y avait un minibar dans ma chambre et lorsqu'il était vide, il me suffisait d'appeler la réception pour que l'on vienne le remplir.

Je m'ennuyais de Louiseville, je m'ennuyais de ma famille.

Pourtant, lorsque j'étais chez moi, à Louiseville, je ressentais le même mal à l'âme. De retour après quelques jours d'absence, dès le seuil de la porte, rien ne se passait comme je l'aurais souhaité. Ma fille m'observait quelques instants avant de s'enfuir, d'aller se cacher sous le lit. Je ne comprenais pas, je ne l'avais jamais frappée, je l'avais toujours serrée dans mes bras pour l'embrasser et lui dire combien je l'aimais, mais elle fuyait. Elle me fuyait. Comme si, plus sensible que les adultes, elle devinait que c'était mon double qui était là, pas son père, mais un autre homme — l'alcoolique — qui prenait l'apparence physique de son père. Elle pressentait aussi le changement d'atmosphère de la maison, l'ambiance combien plus lourde qui n'allait pas tarder à s'installer. Les reproches de mon entourage qui allaient fuser : « Yvon, tu as encore pris un coup trop fort... Yvon, ce n'est plus vivable... » Et papa, qui avait pourtant tant espéré ce moment des retrouvailles, qui allait descendre au sous-sol et déboucher un autre « quarante onces » pour oublier.

Où que je fusse, je me sentais seul.

Et désespéré.

Se poser la question, c'est y répondre...

Mon comportement étrange incitait sans doute mes proches et mon entourage à me laisser à l'écart, comme si chacun se disait qu'au lieu de me montrer dans cet état, il eût été préférable que je fusse ailleurs. Je le ressentais. Je le savais. Comme je savais que j'avais un problème d'alcoolisme. D'ailleurs, le jour où l'on se pose la question, on vient d'y répondre. J'avais encore assez de lucidité pour m'apercevoir que mon comportement changeait du tout au tout après quelques verres. Et si, pendant un temps, cela m'avait rendu plus sociable, ce n'était plus le cas.

J'étais désabusé. J'étais malheureux, très malheureux. Je n'aspirais qu'à une vie simple, sans souci, une vie heureuse, une vie que je voulais consacrer au service de ma communauté, mais je n'arrivais à rien de tout cela. Plus le temps passait, plus je faisais souffrir mon entourage et ceux que j'aimais. Plus je devenais un poids pour eux. Plus cela m'isolait des autres, me plongeait dans une solitude désespérante, parce que la solitude, pour l'alcoolique, est la chose la plus terrible qui soit. Et même si l'on s'apitoie, même si l'on cherche à se décharger de ses responsabilités, vient un temps où l'on ne peut pas ne pas se regarder dans un miroir en toute honnêteté et admettre que le fautif, c'est soi-même. Juste soi. Et il n'y a que l'alcoolique qui puisse agir pour s'en sortir... Encore faut-il qu'il le veuille. Encore faut-il qu'il agisse en conséquence.

Lorsque je ne m'enivrais pas, je culpabilisais. Parfois, je rêvais de tout abandonner — famille, amis, carrière, de me trouver un petit coin perdu en plein bois, de me construire une cabane et de vivre de chasse et de pêche. Ne plus avoir de relation avec qui que ce soit. Être seul, fin seul. Faire une croix sur la société. D'autres fois, lorsque je roulais sur l'autoroute 20 en direction de Québec, je pensais au suicide. J'y pensais sérieusement. Très sérieusement. J'avais même choisi l'endroit où je me tuerais lorsque je serais vraiment décidé. C'était à environ un kilomètre avant le pont Pierre-Laporte, sur un petit pont qui permet à l'autoroute de traverser les chutes de La Chaudière. J'avais remarqué que, juste avant qu'on s'y engage, il y avait suffisamment d'espace pour permettre le passage d'une voiture.

Devant : un ravin profond de quelques centaines de pieds. C'était vraiment le grand saut. Aucune chance de m'en sortir.

J'en étais à ce point, à imaginer toutes les variantes de ce scénario morbide.

C'est dire combien je n'étais plus capable d'assumer ce qu'était devenue ma vie; je ne pouvais plus supporter le fait de rendre les autres malheureux, je n'étais plus capable de me voir malheureux. Il me semblait qu'il n'y avait plus d'espoir pour moi, plus rien qui pût me redonner cette dignité essentielle à chaque être humain.

Je sombrais dans le désespoir le plus sombre.

J'atteignais les bas-fonds.

Je réalisais que je n'étais plus en mesure d'assumer quelque responsabilité que ce soit, sur le plan tant de ma vie personnelle que de ma vie familiale ou professionnelle.

Il m'avait fallu six années d'alcoolisme actif pour arriver au bout du chemin...

Au bout de mon rouleau...

Je me souviendrai toujours de ma dernière « brosse ».

Ma journée avait commencé tôt. Comme d'habitude, à l'ouverture du restaurant Le Parlementaire, à huit heures, j'avais déjà bu, pour me remettre du coup de la veille, quelques vodkas dissimulées dans du jus d'orange et servies avec discrétion. Mais on ne peut pas consommer un, deux ou même trois « quarante onces » par jour — je me suis rendu jusque-là —, sans en subir les contrecoups au niveau de la santé et de la forme physique, même si l'on est relativement jeune. Ce jour-là, on le devine, j'étais dans un état pitoyable.

Je demandai à mon whip l'autorisation de ne pas siéger, ce qu'il m'accorda sans problème. Je repris alors le chemin de mon hôtel pour me retrouver de nouveau seul entre les quatre murs de ma chambre, comme si cela avait pu être la solution. Évidemment, la première idée qui me vint à l'esprit pour me remettre d'aplomb fut de prendre un verre. Puis un autre. Et un autre encore. Quatre ou cinq heures plus tard, j'avais bu toutes les bouteilles miniatures qu'il y avait dans ce foutu bar. Puis j'ai téléphoné à la réception de l'hôtel pour demander qu'on vienne le remplir. Cette journée-là, dans l'après-midi et dans la soirée, jusqu'à ce que je tombe endormi en fait, j'ai vidé le petit bar à trois reprises.

Le lendemain, dans un état comparable à celui de la veille, je me présentai à la réception pour payer ma note. L'employée m'a jeté un drôle de regard. En me présentant ma note, qui était de six ou sept cents dollars pour l'alcool bu la veille — et à cette époque, l'alcool était moins cher qu'aujourd'hui —, la jeune femme s'inquiéta : « Est-ce possible, monsieur Picotte, que vous ayez commandé pour sept cents dollars d'alcool? » Frappé par l'invraisemblance de la situation, je réussis tout de même à inventer une excuse sur-le-champ : « Bien sûr! Des gens de mon comté, un plein autobus en fait, sont venus me rendre visite... »

Sept cents dollars d'alcool pour un après-midi et une soirée.

J'étais définitivement au fond du gouffre.

Appel à l'aide

Depuis un moment, je l'ai dit, l'idée de mettre fin à mes jours me hantait. Mais, avant d'en arriver là, je décidai de m'accorder une dernière chance pour essayer de m'en sortir. Des tas de choses se sont alors produites en peu de temps pour me conforter dans cette décision, comme si le seul fait d'avoir décidé de m'accorder une véritable chance avait provoqué une cascade d'événements.

Je ne crois pas que ce soit une affaire de chance, de hasard ou de destin. Je considère que c'est plutôt une affaire d'ouverture, d'ouverture d'esprit, d'ouverture aux autres, d'ouverture de la vanne des sentiments et des émotions. Alcoolique, avec la personnalité de l'alcoolique actif, j'avais des travers que l'on décèle facilement chez tous ceux qui souffrent de cette maladie, un orgueil démesuré, un recours de tous les instants aux mensonges et aux faux-fuyants, une peur des responsabilités, le transfert de la culpabilité sur les autres. Je pourrais continuer longtemps dans la même veine. Et si beaucoup m'avaient reproché d'être alcoolique, comme si j'étais responsable de cette maladie — blâme-t-on quelqu'un qui est atteint du diabète ou d'un cancer? —, d'autres, beaucoup d'autres, m'avaient tendu la main. Mais j'avais toujours refusé leur aide, parce que je me persuadais alors que ce n'était pas moi qui avais un problème, mais plutôt les autres.

Les cartes avaient changé. J'avais admis avoir un problème d'alcool. J'avais reconnu être un alcoolique. Et j'admettais enfin que je ne pouvais rien faire seul.

Bref, j'avais besoin d'aide.

Je me suis souvenu de ces gens que j'avais aidés lorsque j'étais directeur des cours aux adultes et des efforts que j'avais faits pour les ramener sur le chemin de la sobriété. Je me rappelais aussi que plusieurs d'entre eux étaient effectivement parvenus à des résultats quasi incroyables. Ils avaient complètement changé de genre de vie. Ils étaient devenus membres à part entière de la société et même, dans plusieurs cas, détenaient des postes importants. Je me suis souvenu d'eux et j'en ai retrouvé quelques-uns sur mon chemin, juste à ce moment-là. Comme par hasard... C'est tout de même étrange ce que le hasard peut faire lorsqu'on est déterminé!

Ces personnes, et d'autres en même temps, parce que mon appel à l'aide était évident à ce moment-là, m'ont mis sur le chemin d'un mouvement d'entraide international. Comme tout le monde, j'en avais entendu parler, mais j'ignorais vraiment ce que c'était. Même, honnêtement, j'étais persuadé que ces gens-là avaient trouvé une façon de boire en cachette, sans que ça paraisse. C'est pourquoi je n'ai pas hésité un seul instant à me rendre à une première réunion, convaincu qu'ils allaient me montrer comment boire et me débarrasser de mes problèmes!

Bien sûr, ça s'est passé tout autrement.

Personne ne m'a montré comment boire en cachette.

Mais j'ai découvert des choses combien plus formidables. Que l'alcoolisme était la maladie des émotions, que pas un médecin, pas un thérapeute ne pouvait faire quoi que ce soit pour moi si je n'étais pas d'abord convaincu que je devais m'assumer moi-même. Admettre donc que j'avais un problème et que la solution passait par moi. La chose la plus incroyable que j'aie réalisée, c'est que je m'intégrais à un mouvement égoïste, mais égoïste dans le bon sens du terme. Un mouvement qui non seulement m'obligeait à m'occuper de moi-même, mais qui me disait, en plus, que c'était bien de penser à moi et d'essayer d'être le plus heureux possible. En agissant ainsi, me disait-on, mon bonheur et ma joie de vivre rejailliraient sur mes proches et sur mon entourage.

C'était simple, pas compliqué pour deux sous, juste le genre de chose que je recherchais, moi qui avais naturellement tendance à tout embrouiller. Pourtant, jamais encore je n'y avais pensé avant cet instant-là : mon bonheur pouvait profiter aux autres. À partir de ce jour, même si ça ne s'est pas fait sans difficultés, sans heurts et sans efforts — mais, après tout, on n'a rien pour rien dans la vie —, j'ai cessé de vouloir changer les autres, changer la société, pour consacrer mes énergies à me changer, moi. Et j'ai découvert que ce n'était possible que si je le faisais dans la sobriété.

À partir de ce jour-là, c'était le 21 mars 1979, ma vie s'est transformée.

Elle n'allait plus jamais être la même.

Une leçon

J'ai eu ma leçon, je l'avoue, et durement.

Il a fallu que je traverse les épreuves que la vie m'a imposées avant de comprendre que personne d'autre que moi ne pouvait assurer mon bien-être, que personne d'autre n'allait se battre pour défendre mes rêves. Des circonstances défavorables incitent plusieurs d'entre nous à abandonner leurs rêves et à abdiquer devant l'adversité. Ces personnes — comme ce fut le cas pour moi pendant quelques années — perdent de vue leur véritable but pour se rabattre sur un objectif moins contraignant. Pourtant, et si je l'ai fait, d'autres peuvent le faire, je suis aujourd'hui convaincu que chacun peut retourner en sa faveur des circonstances défavorables. On peut renverser les situations et vaincre les difficultés, quelles qu'elles soient.

Il suffit de croire en soi et de se donner les moyens d'agir.

D'alimenter ses rêves. Parce que, trop souvent, plusieurs laissent la vie leur ravir leurs rêves. Les briseurs de rêves peuvent être des gens ou des événements. Il est essentiel de garder une imagination positive, sans cela rien n'est possible. Si vous vous estimez incapable d'une réalisation quelconque, comment un autre pourrait-il vous en croire capable?

Je dis qu'il faut au moins s'accorder une chance et ne laisser personne prendre la décision à sa place.

La route menant au bonheur n'est pas nécessairement une autoroute asphaltée et confortable, mais cela ne doit pas nous empêcher de suivre le chemin que nous nous sommes tracé. Lorsque quelqu'un ou une situation menace de nous terrasser, il ne faut pas rester là à ne rien faire : il faut réagir. Pour chaque rêve réalisé, il y en a eu des dizaines et des centaines qui ont été détruits. Mais l'avantage a toujours été à celui qui a pris l'initiative, à celui qui a cru en ses possibilités et en ses rêves, et qui s'est donné les outils pour les réaliser, qui y a consacré les efforts nécessaires.

Parce que, il faut l'admettre, tout ce qui a une certaine valeur exige qu'on y consacre des efforts en conséquence. Des efforts déployés sans enthousiasme n'apporteront jamais que des résultats imparfaits.

Et, si demain, c'était la fin du monde?

« Il ne faut pas de tout pour faire un monde.
Il faut du bonheur et rien d'autre. »

Paul Éluard

L'essentiel pour moi, aujourd'hui, c'est ma sobriété. Je ne peux imaginer de lendemains heureux sans elle. Et c'est une question non seulement de principe, mais d'équilibre. Et de fierté.

C'est justement parce qu'on avait mis ma sobriété en doute que j'ai décidé, un jour, de faire le point, de confesser mon alcoolisme, d'expliquer mon cheminement et, surtout, de dire ma sobriété. Si les gens ont aujourd'hui l'impression que j'ai toujours parlé ouvertement de mon expérience et de mes difficultés personnelles, il n'en est rien. J'ai longtemps gardé ce vécu pour moi. Seules des circonstances imprévues et imprévisibles — et mon émotivité — m'ont amené, un jour, à parler ouvertement de ce sujet.

Je n'ai jamais raconté comment ça s'était vraiment passé. Enfin, jamais jusqu'à aujourd'hui.

À la toute fin de l'automne 1982, alors que j'étais dans l'opposition, nous débattions en session parlementaire des diminutions de salaire des fonctionnaires envisagées par le gouvernement du Parti Québécois. La nuit où nous avions étudié ce projet de loi, j'avais livré un discours chargé d'émotion et, je l'admets aujourd'hui, d'une certaine violence. Ça aurait pu en rester là — il arrive parfois que, sur des sujets sensibles, nous nous laissions emporter par l'élan et la... passion. Mais voilà! Le lendemain ou peut-être le surlendemain, je ne me souviens plus très bien, dans un article de *La Presse* consacré aux débats de cette nuit-là, le journaliste laissait entendre, de façon très subtile il va sans dire, qu'au moment où j'avais fait mon discours, je n'étais peut-être pas dans mon état normal, en d'autres mots que j'avais peut-être pris quelques verres de trop.

Il y avait alors plus de trois ans que je ne consommais plus, plus de trois ans que j'avais réussi à maintenir la sobriété dans ma vie. On comprendra facilement que je me sois senti — insulté? je ne sais pas — troublé tout au moins. Et, pour moi, il n'était surtout pas question d'accepter qu'on doute de ma sobriété.

Le jour même de la parution de l'article, je me rendis rencontrer le journaliste en question au petit café de l'Assemblée nationale. Sans faire ni une ni deux, je le pointai d'un doigt accusateur en lui lançant d'un ton amer qu'il ne savait pas de quoi il parlait, que s'il voulait dire que j'avais recommencé à boire, qu'il le fasse clairement, sans ambiguïté et qu'alors je lui répondrais. Pour faire bonne mesure, j'ajoutai : « Et au cas où tu ne le saurais pas, ça fait maintenant plus de trois ans que je fais partie d'un mouvement d'entraide. Alors, ce n'est pas toi qui vas venir mettre en doute ma sobriété. Si ça ne veut rien dire pour toi, c'est quelque chose d'essentiel pour moi : je ne laisserai personne taponner avec ça... »

Je n'y avais vraiment pas été avec le dos de la cuiller — mais, quoi! je suis un émotif, tout le monde le sait.

Visiblement, le journaliste avait accusé le coup. Il se sentait un peu mal à l'aise. Non seulement à cause de ce qu'il avait écrit, mais à cause de ce que je venais de lui confier et que tout le monde ignorait. Quelques jours plus tard, je ne pourrais dire pour quelle raison — avait-il jugé que c'était un sujet hot ou avait-il eu des remords —, il me demanda de lui accorder une entrevue pour corriger l'impression que son article avait pu laisser. J'acceptai et nous passâmes quelques heures ensemble dans mon comté, en tête à tête.

Entre Noël et le jour de l'An, l'article parut sous le titre « Yvon Picotte a changé de vie ».

Plus personne n'ignorait rien de mes déboires. Mais plus personne n'ignorait, non plus, que je vivais dans la sobriété.

C'était ça qui comptait pour moi.

La sobriété n'est pas qu'une affaire de mots. Ce n'est pas davantage une finalité. C'est un moyen. C'est pourquoi je serais parfois tenté de dire à certains qu'ils devraient appliquer la sobriété dans leur vie, même s'ils n'ont jamais été confrontés au problème de l'alcoolisme.

La sobriété est une façon d'être, une façon de vivre. C'est une façon de trouver le bonheur. Bien des gens vont passer leur existence entière à courir après le bonheur et ne s'arrêteront jamais à réfléchir que le bonheur pourrait simplement être en eux, faire partie intégrante d'eux-mêmes.

Sobriété, honnêteté aussi.

Parce qu'on trafique parfois un peu son honnêteté selon les circonstances. L'honnêteté ne consiste pas seulement à dire la vérité, c'est aussi être conséquent, connaître ses forces, ses capacités, ses faiblesses. C'est seulement de cette façon qu'on peut trouver le bonheur, personnel ou collectif.

Vingt-quatre heures à la fois

Oui, le bonheur! Ce fameux bonheur que nous recherchons tous, toujours. Qui justifie tous nos faits et gestes, toutes nos paroles. Qui semble toujours tellement inaccessible, alors qu'il est pourtant là, en nous.

Ce mouvement d'entraide international m'a donné beaucoup plus que la chance d'arrêter de boire. Il m'a donné une toute nouvelle vision de moi, des autres et de la société. C'est à partir de ce moment-là aussi que j'ai commencé à mettre en pratique le concept du vingt-quatre heures. J'ai décidé que je n'allais plus vivre que vingt-quatre heures à la fois.

Mais les vivre intensément, ces vingt-quatre heures!

Les vivre comme si, demain, c'était la fin du monde.

Ne croyez-vous pas que cela pourrait changer nos façons d'être et d'agir? Allons donc! Honnêtement? Si Dieu ou quelque autre puissance supérieure nous soufflait à l'oreille que cette journée était la dernière que nous aurions à vivre, est-ce que cette révélation ne nous inciterait pas à faire de belles choses, à nous réconcilier avec nos familles, nos proches, nos collègues de travail — avec la société? Oui. Nous nous efforcerions de vivre de maudites belles choses!

Qu'est-ce qui nous empêche de le faire, même si demain ne verra pas la fin du monde? Qu'est-ce qui nous empêche de faire « comme si... »?

Rien, sinon nous-mêmes.

Pour moi, vivre vingt-quatre heures à la fois, c'est ça. C'est essayer de faire de mon mieux, d'être le plus heureux possible, de procurer à mon entourage le plus de bonheur possible. Cette attitude se reflète sur le travail et, du coup, sur la collectivité, sur la société. Si chacun vivait de cette façon, je suis convaincu que les choses se passeraient tout autrement.

Personnellement, cela me permet de vivre avec beaucoup plus d'intensité.

Mais ce n'est pas quelque chose qui va de soi. Parce que ce n'est pas de cette façon qu'on nous a habitués à vivre et à voir les choses. D'ailleurs, encore aujourd'hui, il m'arrive parfois à l'heure du lunch ou en milieu d'après-midi de réaliser que quelque chose accroche, que je ne me sens pas parfaitement à l'aise. Il me suffit de m'arrêter quelques instants pour constater que cet agacement est bien souvent provoqué par une projection que je fais sur un demain qui n'est pas encore arrivé ou sur la semaine prochaine qui est encore bien lointaine.

Un jour, il n'y a pas si longtemps — je m'en souviens encore parfaitement —, j'ai vécu un vingt-quatre heures terriblement difficile. À la fin de la journée, j'ai essayé d'en comprendre la cause. Pour moi, c'était important, très important de comprendre. J'ai alors réalisé que, le matin, j'avais jeté un coup d'oeil sur mon agenda et que j'avais vu tout ce qui m'attendait pour les jours suivants. Ça n'en finissait pas : j'avais du travail et des rendez-vous comme ce n'était pas possible, j'allais devoir travailler de seize à vingt heures par jour pendant trois ou quatre jours.

Que s'était-il passé?

Je le sais, je le sais très bien. J'avais fait de l'apitoiement. Je m'étais dit, de façon plus ou moins consciente, que de tels horaires n'avaient pas de sens, que je devais être fou pour accepter des journées comme ça, que je n'allais pas pouvoir tout faire. Bref, la seule pensée des journées que j'allais devoir vivre — qui n'étaient pas encore là — m'avait rendu maussade. Ça me faisait oublier que j'avais pourtant vécu une journée dont je pouvais me considérer satisfait. Et même lorsque je vis — pas lorsque j'y pense, lorsque je la vis — cette journée de seize ou vingt heures de travail, ce n'est pas si terrible.

Il me suffit d'ailleurs de regarder autour de moi pour m'apercevoir que je ne suis pas le seul à avoir des horaires invivables. Et si je regarde encore mieux, je vois des chauffeurs de taxi qui doivent travailler des heures de fou, des week-ends complets, pour arriver à gagner un salaire décent. Je vois des gens qui partent loin de leur famille pendant cinq, six ou sept mois, et parfois davantage, pour aller gagner leur vie. Je vois aussi beaucoup de gens qui sont sans emploi et qui n'attendent que le moment où ils pourront en décrocher un.

Alors, qui suis-je donc pour me plaindre?

Je travaille sans doute de longues heures, je passe trois jours par semaine sans voir ni mon fils, ni mon épouse, ni ma fille, je dois souvent me déplacer, mais je suis mauditement chanceux d'avoir un job, de toucher un bon salaire et de travailler à quelque chose d'aussi intéressant que l'avenir de la collectivité.

Mais ce sont là des aspects de la vie qui nous échappent parfois. On préfère curieusement s'attarder aux difficultés et aux petits malheurs. Tenez! on va pester contre une crevaison, se dire que la vie nous en veut personnellement, on va absolument vouloir savoir comment et pourquoi c'est arrivé et ça va nous prendre d'autant plus de temps pour changer le pneu que nous le ferons avec mauvaise humeur. Et juste avant de remonter en voiture, on va foutre un coup de pied contre la tôle, peut-être l'enfoncer, peut-être se blesser. Pourtant, ce n'est qu'une simple crevaison. Peut-être cent mille autres personnes en Amérique du Nord auront également crevé durant la même journée. Mais pour certaines, ça aura été un drame et le reste de la journée s'en sera trouvé gâché.

Pour une crevaison!

Alors qu'il suffisait simplement de changer le pneu et de reprendre la route...

Vingt-quatre heures à la fois, et une chose à la fois. Non seulement ça fait toute la différence du monde, mais ça nous aide aussi à devenir meilleur, à trouver plus facilement ce bonheur qui sommeille en nous. Et quand on l'a trouvé — c'est drôle —, on s'aperçoit que les gens autour de soi, la société, se sont grandement améliorés.

Laisser parler mes sentiments

Sobriété et honnêteté.

Voilà les points que je défendais lorsque je m'étais emporté contre les quelques lignes — peut-être passées inaperçues pour la majorité des gens — que le journaliste avait écrites et qui m'ont ensuite incité à parler ouvertement de mon alcoolisme. Certains, des amis même, ont trouvé que j'étais peut-être allé un peu trop loin dans mes confidences, que j'avais peut-être été un peu trop honnête — comme si l'on pouvait être un peu trop honnête! Que j'aurais un prix à payer, politique, bien entendu.

Pour moi, la question se situait sur un tout autre plan combien plus important : je voulais protéger ma sobriété et il n'était pas question que je laisse s'insinuer le doute que je puisse mener une double vie. Je ne cède à aucune compromission lorsqu'il est question de ma sobriété. Parce que, pour moi, la fin de la sobriété, c'est le retour à la case départ, c'est perdre tout ce que j'ai découvert, tout ce que j'ai gagné, c'est perdre le sens même de ma vie.

Si, pour garder tout cela, j'avais un prix à payer, j'étais prêt à le faire. Ma dignité d'homme, d'être humain, n'a pas de prix.

Les augures de ces prophètes de malheur ne se sont cependant pas réalisés. Bien sûr, certains m'ont en quelque sorte surveillé pour voir si je mettais effectivement en pratique cette façon de vivre que je prônais — et si j'avais bien cessé de boire —, mais la plupart des commentaires auxquels j'ai eu droit ont été positifs. Ça m'a aussi permis d'apprendre qu'on devait avoir confiance dans la compréhension et l'ouverture d'esprit des autres. Les gens, le monde ordinaire, quoi qu'en pensent certains, ont l'esprit beaucoup plus large qu'on ne le pense généralement. Il faut vivre parmi eux pour s'en rendre compte. Pour réaliser combien ils acceptent le droit à l'erreur.

C'est pourquoi, aujourd'hui, lorsqu'on me dit que j'ai eu du courage, je préfère répondre que j'ai simplement eu l'honnêteté de laisser parler mes sentiments et mes émotions et que, pour le reste, ce n'était qu'une question de confiance dans les autres.

Je crois en Dieu

« Dieu n'est pas esprit, il existe. »

Edgar Poe

La phrase fera peut-être sursauter. Parce que dire « je crois en Dieu », parler de Dieu, ça ne se fait plus tellement. Ça fait démodé, ça fait vieux jeu. Soit! Mais ça ne m'empêchera pas d'en parler parce que Dieu et la spiritualité tiennent une place importante dans ma vie. Je suis intimement convaincu qu'Il est présent dans les événements et les personnes qui traversent ou croisent ma vie.

Bien sûr, la perception que j'en ai, je la dois au contexte dans lequel j'ai vécu et évolué, mon contexte familial, social, voire culturel. Peut-être qu'en d'autres circonstances et si mon vécu avait été différent elle aurait été différente elle aussi. Mais ce que je retiens aujourd'hui, c'est que l'expérience de Dieu est quelque chose de personnel, d'individuel — il nous faut sentir que ce en quoi nous croyons s'applique à notre existence.

Il va de soi que ma perception de Dieu est fort différente de celle que j'avais, plus jeune, alors que je fréquentais le collège et le séminaire, et que le Dieu dont on nous parlait était un Dieu vengeur et punitif, un Dieu d'obligations et de restrictions. Nous devions assister à la messe et communier tous les matins, nous confesser et rencontrer notre directeur spirituel une fois par semaine. Nous devions faire ceci ou cela, ne pas faire ceci ni cela. Je ne peux légitimement pas en vouloir à ceux qui m'ont enseigné ce Dieu, car Il leur avait sans doute été enseigné de cette même façon. Il ne me sert à rien de revenir sur cette question, sinon pour dire que ce Dieu-là m'est aujourd'hui totalement étranger.

Ce n'est pas faute d'avoir tenté de nouer des relations avec Lui, mais celles-ci étaient marquées du même sceau que l'éducation que j'avais reçue. Ce fut tout particulièrement vrai dans les moments de grand désespoir que j'ai vécus pendant mes années d'alcoolisme actif. J'entrais dans les églises pour faire brûler des lampions, je suppliais Dieu de m'apporter Son réconfort et Son aide, je Lui commandais la vie que je voulais vivre. C'était le Dieu punitif que j'implorais. Aussi, en raison même de l'idée que j'avais de Lui, dès la première éclaircie dans ma vie, Il disparaissait de ma mémoire. Je ne voyais plus l'utilité de Son existence.

Ce n'est qu'avec le temps, et en traversant de multiples épreuves, que j'ai découvert un autre visage de Dieu, sinon un autre Dieu. Un Dieu Être suprême, bien sûr, mais aussi un être terriblement humain. Parce que Son amour est gratuit, qu'Il n'interdit, pas plus qu'il ne l'abolit, notre liberté, notre droit de choisir, d'agir comme nous le voulons. Cet amour que Dieu nous offre — c'est la raison pour laquelle je parle toujours de mon «Dieu d'amour» — est le fondement même de ma propre liberté. Dieu m'aime, et tellement qu'il me laisse libre de l'aimer et de le reconnaître.

Oui, je crois en Dieu et c'est la raison pour laquelle il m'accompagne à tous les instants de ma vie. Un Dieu ami, un Dieu accompagnateur... qui ne nous donne que ce que nous lui demandons. Et qui n'exige rien de notre part, sinon de croire en Lui.

Ce qui est aussi fantastique, et que j'ai découvert avec le temps, c'est celui que j'appelle mon «Dieu d'amour», qui ne me demande pas, ni ne s'attend à ce que je sois parfait. J'accepte donc de vivre avec mes défauts et mes travers, mais non sans tenter de les corriger. Le soir, quand je fais le bilan de ma journée, je ne me demande jamais si j'ai été parfait, je me demande simplement si j'ai été meilleur que la veille.

Lorsque je peux répondre par l'affirmative, j'estime que je peux être satisfait de moi.

Une expérience personnelle

Je dis souvent à ceux qui traversent des épreuves qu'il est important de croire en quelqu'un ou en quelque chose. Je ne leur parle pas de Dieu. Je n'en vois pas la nécessité. Parce que je crois que, plus le temps passera, plus ils auront confiance en cette entité à laquelle ils donneront le nom qui leur convient, selon leurs croyances. Et, peu importe l'image qu'ils évoqueront, le résultat sera le même. Bien sûr, ils commenceront à y croire pour demander des faveurs, des traitements particuliers, de la chance, que sais-je — j'ai fait exactement la même chose. Mais, au fil du temps, les choses changeront, la relation changera.

Je l'ai dit, moi-même, avec Dieu, j'ai commencé par Lui demander des choses. À attendre des manifestations tangibles de Sa part, que je cesse de boire, que je reprenne goût à ma carrière, que je... Oh! Tant de choses! Puis, cette relation a évolué, s'est transformée, jusqu'à ce que vienne le moment où je ne lui demandai plus de preuves concrètes — matérielles — de son amour, mais simplement d'être bien dans ma peau, d'être heureux et de m'aider à prendre les bonnes décisions.

Est-ce que Dieu m'entend?

Je n'en doute pas un seul instant; d'ailleurs, je le répète, j'ai établi une relation directe avec Lui. Par la prière. Mais pas par ces « Je vous salue Marie » ou ces « Je crois en Dieu », par une conversation quotidienne que j'entretiens avec Lui du plus profond de mon être. Après tout, étant lui-même partie de mon être, partageant mon vécu, il ne peut pas ne pas comprendre mes attentes et mes désirs, mes interrogations aussi. Vivre sa spiritualité, ce n'est ni plus ni moins que cela : croire en Dieu et croire en sa présence. Mais aussi, et surtout, se sentir en harmonie et avec cette présence.

Cependant, pour parvenir à une telle relation avec Dieu, pour développer une véritable spiritualité, la seule condition qui nous est imposée est l'ouverture d'esprit et de coeur, face à soi-même et aux autres... et face à la vie.

Une projection de nos attentes

Je veux redire que l'expérience de Dieu est une expérience personnelle avant tout. Car, au-delà de l'image qui nous a été transmise de Lui, le plus important, c'est l'expérience que nous pouvons faire de ce Dieu. Une expérience, une découverte, que chacun fera à son rythme personnel. Et, quelle qu'elle soit, on ne pourra y trouver à redire. L'expérience que j'ai de Dieu ne concerne pas les idées que je me suis faites sur Lui. C'est plutôt mon vécu qui lui donne tout son sens. Mon Dieu d'amour n'est peut-être finalement qu'une projection de mes attentes.

Mais, pour moi, c'est ça, la véritable spiritualité.

C'est aussi ce qui nous permet, à tous et chacun, de nous affirmer pleinement comme les êtres relationnels que nous sommes et que nous devons être, c'est-à-dire des êtres appelés à vivre non seulement les uns avec les autres, mais aussi les uns pour les autres, afin que nous puissions évoluer et trouver le bonheur.

Ce n'est également que de cette façon que nous pourrons réellement vivre en société, dans le sens le plus noble du terme, et aspirer à faire quelque chose pour les autres.

De coeur et de... raison

« La mémoire est toujours aux ordres du coeur. »

Rivarol

Ce serait fuir devant la réalité que de ne pas consacrer quelques lignes à ma vie de famille. Les gens nous voient si bien dans notre rôle d'homme politique qu'ils oublient trop souvent que nous avons aussi une vie de famille, une épouse, des enfants. Lorsqu'ils l'apprennent, ils paraissent surpris, étonnés. Comme si vie politique et vie de famille étaient incompatibles. Ce n'est pas toujours facile, je le concède, mais les deux peuvent aller de pair. Je suis de ceux qui croient qu'il y a toujours une façon d'organiser sa vie, de planifier ses obligations en fonction de ce que l'on vit et des choix que l'on a faits.

Certes, la vie politique est exigeante, très exigeante même, lorsqu'on décide de l'assumer dans toute sa dimension, de se battre pour les causes qui nous tiennent à coeur, de poursuivre sans cesse les objectifs que l'on s'est fixés. De participer activement à la vie de sa communauté. Très souvent, au cours de mes vingt années de vie politique, j'ai travaillé douze et quinze heures par jour, sept jours par semaine. Même à titre de simple député; c'est sans doute aussi ce qui explique la longévité de ma carrière politique. Devenu ministre, ce qui impose un surcroît de travail, particulièrement au moment de prendre en main un nouveau ministère, je suis resté très proche des gens de mon comté et des membres de ma collectivité. J'ai continué d'assister aux soirées de l'âge d'or, le samedi soir, j'ai continué à participer aux événements sociaux des regroupements et des associations de ma région, à répondre aux invitations que je reçois pour les réceptions de mariage. Ainsi, j'assiste à pas moins d'une cinquantaine de noces par année!

Beaucoup jugeront cela futile. Pas moi.

Parce que ça me permet, en tant que député et ministre, en tant qu'homme politique, de prendre le pouls de la population, de savoir véritablement ce que les gens pensent, ce qu'ils veulent. Parce que je ne me contente pas de rester assis à la table d'honneur : je me mêle aux gens et j'écoute — j'écoute vraiment — ce qu'ils ont à me dire ou à me demander. Parce que, finalement, je ne suis que leur représentant, et si je ne les représente pas bien je ne serai plus là demain.

Naturellement, une telle vie sociale fait que j'ai moins de temps pour ma famille. Mais ce n'est pas le problème de mes concitoyens, c'est à moi de m'arranger.

Et je m'en accommode fort bien!

Garder l'espoir

Comme j'ai tiré un trait sur mes années d'alcoolisme et sur les périodes sombres de ma vie, je ne parle pour ainsi dire jamais de mon premier mariage pour lequel j'ai obtenu une annulation de l'Église en 1984. Parce qu'en parler, ce serait ressasser des souvenirs que je préfère oublier — des souvenirs parfois douloureux, je l'avoue. Et qui suscitent des questions aussi. J'en suis venu à croire que les choses ne se passent pas sans raison, mais qu'il n'est pas nécessaire pour autant de chercher des réponses à toutes les questions. Parce que certaines réponses mènent à d'autres questions. Au bout du compte, on s'enlise tellement dans un questionnement interminable qu'on finit par vivre dans le passé, alors que l'important, l'essentiel, c'est simplement d'être bien dans sa peau et de partager son bonheur avec les autres. C'est là une autre chose que la sobriété m'a apprise. Comme ce vécu m'a aussi permis d'envisager la vie avec davantage de sérénité.

Si bien, d'ailleurs, que je me suis remarié en 1987, après cinq ans d'une relation extraordinaire!

Au début de cette relation, en 1982, lorsque j'ai connu Ginette, celle qui allait devenir ma compagne et mon épouse, je dois admettre que je nourrissais certaines craintes. Je me demandais si j'allais être à la hauteur en raison de notre différence d'âge : quinze ans. À l'époque, j'avais quarante ans et Ginette, vingt-cinq. Ce n'était pas pour l'immédiat que j'entretenais des craintes, mais pour plus tard, quand j'aurais soixante-dix ans, par exemple, et qu'elle n'en aurait que cinquante-cinq. À ce moment-là, me disais-je, cela pourrait faire toute la différence du monde.

Ça m'a pris du temps pour me faire à cette idée.

Du reste, pour accepter ce qui m'arrivait, j'ai dû cesser de faire de la projection et vivre vingt-quatre heures à la fois, comme je le faisais déjà pour les autres aspects de ma vie. Du coup, mes craintes se sont estompées et j'ai cessé d'imaginer ce que pourrait être notre avenir dans vingt ou quarante ans. Je me suis contenté de vivre le présent et d'en apprécier pleinement chaque instant. D'apprécier aussi Ginette et sa présence, la qualité de notre vie à deux dont la somme est beaucoup plus importante que la seule qualité de chacune de nos vies prises séparément. Non — parce que vous vous posez sans doute la question —, Ginette n'appartient pas au milieu politique. D'ailleurs, au moment où nous nous sommes rencontrés, ses connaissances sur le sujet reflétaient celles de n'importe quel citoyen qui s'intéresse de loin à la chose politique, ni meilleures ni pires.

Cependant, je dois dire que Ginette a toujours été animée de ce que j'appelle un gros bon sens, c'est-à-dire que, sans être naïve ou puérile, elle n'est pas de ceux et celles qui élaborent de grandes théories pour trouver les réponses dont ils ont besoin. C'est une femme pratique, fine psychologue, et dotée d'un excellent jugement qui lui permet de vivre au quotidien. Notre relation n'aurait d'ailleurs pu aller bien loin s'il en avait été autrement, puisqu'il a sûrement été plus difficile pour elle d'entrer dans ma vie que pour moi d'entrer dans la sienne. Elle a dû non seulement accepter une carrière politique accaparante, mais également de vivre avec un alcoolique, sobre il va sans dire, mais dont certains pôles d'intérêts sont nécessaires. Et puis, elle a aussi dû accepter, et ce n'est pas la moindre des choses, la présence d'une fillette âgée d'un peu plus de dix ans.

Elle a rapidement su composer avec toutes ces situations, allant jusqu'à me faire des remarques remplies d'à-propos sur ma carrière politique, tout aussi bien que sur ma vie personnelle et même sur ma sobriété. Et plus le temps passait, plus je réalisais que j'avais trouvé la femme de ma vie, celle dont j'avais toujours rêvé.

La vie fait bien les choses

Tout au long de cette période, avant même que nous ayons décidé de faire vie commune, j'avais beaucoup dialogué avec Marie-Hélène, ma fille. Je jugeais important qu'elle comprenne la situation. Qu'elle sente qu'elle avait son mot à dire. Je suis convaincu que si l'on s'assoit avec un enfant, quel que soit son âge, et qu'on lui explique les véritables motivations qui nous poussent à agir, le pourquoi de nos gestes, il comprendra. Mais, attention! Ce ne doit pas être un monologue, mais bien un dialogue, et qui dit dialogue, il ne faut pas l'oublier, renonce à imposer ses idées, et accepte aussi qu'elles puissent être remises en question.

Marie-Hélène a non seulement compris ce que je vivais, mais elle en était aussi heureuse. Elle avait constaté mes efforts depuis que j'avais choisi la sobriété et les changements progressifs qui s'étaient accomplis. Elle s'est donc sentie pleinement concernée par cette nouvelle vie de famille.

Les sentiments, c'est moins compliqué, mais c'est plus délicat!

Après plusieurs mois de vie commune, mes craintes provoquées par notre différence d'âge s'étaient estompées; ma sobriété a joué un rôle important, je crois, dans cette nouvelle vision des choses que j'avais acquise. J'avais vraiment décidé de mettre ma vie entre les mains de Dieu. Et Ginette et moi faisions tant de projets que je trouvais maintenant un peu ridicule de ne pas oser me remarier.

Nous nous sommes mariés devant l'Église catholique, en 1987 — j'avais quarante-quatre ans et Ginette, vingt-neuf —, parce que c'était la façon dont nous voulions unir nos vies, c'était une valeur en laquelle nous croyions et en laquelle nous croyons toujours.

Loin d'être une fin, ce mariage a marqué le début d'une nouvelle vie, même si l'image peut sembler usée. Nous avons continué de faire des projets d'avenir, de nombreux projets. De conversation en discussion et de discussion en conversation, nous avons, bien sûr, évoqué l'idée d'avoir un enfant. Les mêmes craintes que j'avais eues concernant notre mariage sont revenues me hanter comme de vieux fantômes. Je me souvenais qu'à vingt-cinq ans je voyais mon père comme quelqu'un de très âgé, alors qu'il n'avait guère plus de cinquante ans. Notre enfant, si nous décidions d'en avoir un, aurait tout près d'une cinquantaine d'années de différence avec moi. Étais-je trop âgé pour devenir père une nouvelle fois? Peut-être. Mais il y avait autre chose aussi : lorsqu'on devient père à vingt ou trente ans, on est prêt à rebâtir le monde et on a, pour ainsi dire, la vie devant soi pour le faire. On peut planifier sur une très longue période, sur quarante ou cinquante ans. Ce n'est plus le cas lorsqu'on va franchir le cap de la cinquantaine. Bien sûr, j'espère vivre jusqu'à cent ans, mais il serait irréaliste de croire que si je me rendais à cet âge vénérable, j'aurais encore l'énergie d'entreprendre autant de projets.

Toutefois, si je connaissais les plaisirs de la paternité, Ginette n'avait jamais connu les joies de la maternité et je trouvais d'autant plus triste qu'elle en soit privée que je savais pertinemment qu'elle y pensait de plus en plus souvent. Après avoir remis cette question entre les mains de Dieu, j'ai fini par céder, en ce sens que j'ai cessé de voir uniquement les difficiles côtés de cette expérience qui s'offrait de nouveau à moi. Parce que, soit dit entre nous, lorsqu'on cherche les réponses à une question intérieure, on peut faire pencher le plateau de la balance du côté qui nous convient... en donnant les réponses que l'on veut. J'ai commencé à faire le compte des bons côtés — il y en avait beaucoup plus que je ne le croyais!

Même ma fille Marie-Hélène était emballée par l'idée d'avoir un petit frère ou une petite soeur.

Et Ginette est devenue enceinte.

Mais tout ne s'est pas déroulé comme nous l'espérions. Juste avant son troisième mois de grossesse, Ginette a fait une fausse couche. Ç'a été un moment difficile, très difficile. Émotivement, psychologiquement et physiquement. Parce qu'une fausse couche provoque les mêmes contractions, les mêmes douleurs, les mêmes difficultés que lors d'un accouchement. Mais si, quand une grossesse est menée à terme, il y a une compensation à ces souffrances, un enfant que l'on tient dans ses bras... un enfant qui ressemble terriblement à sa mère ou à son père, ce n'est pas le cas lors d'une fausse couche.

Il nous a fallu du temps pour nous remettre de cette épreuve et ce qui nous a aidés, c'est cette conviction profondément ancrée en nous, que les choses se passent comme elles doivent se passer — que Dieu est seul maître de nos destinées.

Il n'empêche, on sent alors un grand vide en soi.

Père à... cinquante ans

Ginette et moi avons alors décidé de laisser la nature suivre son cours. Mais plus le temps passait, plus nous croyions que nos espoirs — et nos tentatives — allaient demeurer vains.

Trois années s'étaient écoulées et Ginette n'était toujours pas enceinte.

Au lieu de continuer à entretenir un espoir qui ne semblait pas vouloir se réaliser, à l'hiver 91 nous avons décidé de nous donner une dernière chance. Jusqu'au mois de janvier suivant. Ginette était d'avis que si elle n'était pas enceinte à ce moment-là, il serait préférable de renoncer définitivement à l'idée d'avoir un enfant.

Au début du mois de janvier, nous sommes partis en vacances pour revenir à la fin du mois. Nous nous étions rendus à Miami, tranquillement, en voiture, pour être seuls ensemble. Ces semaines de vacances nous avaient fait un bien formidable, nous nous étions offert du bon temps et cela nous avait aussi permis de faire le point sur notre vie. Nous étions heureux, presque insouciants. Sur la route du retour, je n'ai pu m'empêcher de lui dire qu'il me semblait que son comportement avait changé, que j'avais l'intime conviction que c'était celui d'une femme enceinte.

Ginette a pouffé de rire en se moquant gentiment de moi!

Mais elle a admis que, peut-être, oui, elle se sentait différente. Mais n'étaient-ce pas les vacances, n'était-ce pas mon insistance à lui dire que je la croyais enceinte, qui la faisaient se sentir ainsi? Elle le croyait.

Il n'en demeure pas moins qu'à peine arrivés à Trois-Rivières, après un souper de retrouvailles avec nos proches, c'est Ginette qui m'a convaincu de faire un détour en direction d'une pharmacie où une de ses amies travaillait. Là, elle a passé le test de grossesse : « Juste pour que tu arrêtes de te faires des idées... » m'a-t-elle dit.

Arrêter de me faire des idées!

La petite boîte que le pharmacien avait mise devant nous — Ginette, Marie-Hélène et moi a lentement éclairé le +.

Ginette était enceinte. Nous avons tous les trois laissé exploser notre joie.

Neuf mois plus tard, après une grossesse sans problème, Ginette donnait naissance à un magnifique (vous vous en doutez bien!) petit garçon que nous avons prénommé Marc-Antoine. À cinquante ans — parce que j'avais alors effectivement cinquante ans —, je devenais donc papa une nouvelle fois.

Depuis, je vis un bonheur presque inimaginable. Aucune de mes craintes ne s'est matérialisée. Je me rends compte que tout cela n'était encore une fois que projection, parce que je suis un homme choyé, comblé, un homme qui a eu la chance de se bâtir une nouvelle famille, d'avoir un autre enfant et de garder sa fille. Ça ne se passe pas toujours ainsi, je le sais. C'est pourquoi j'apprécie d'autant plus ce bonheur.

Bien sûr, bien sûr, je songe parfois à demain, je pense au futur, j'essaie de deviner ce qui m'attend, ce que l'avenir réserve à ma fille et à mon fils qui n'a pas encore un an. Bien sûr, je pourrais mourir demain et il ne se souviendrait jamais de moi. Et si ce n'est pas demain, ce sera peut-être un autre jour. Qu'est-ce qui pourrait encore m'arriver? Rien, probablement, et je finirai par mourir centenaire — Marc-Antoine aura alors cinquante ans! Aussi, dès que je m'aperçois que j'essaie de deviner l'avenir, de le prévoir ou de le projeter, je m'efforce de penser à autre chose ou... je regarde simplement mon fils me sourire de son petit lit.

Qu'importe demain! C'est aujourd'hui qui compte... vingt-quatre heures à la fois. Et, aujourd'hui, je fais tout ce que je peux pour lui, je l'aime de toutes mes forces. Comme j'aime Marie-Hélène. Et comme j'aime Ginette.

Oui, qu'importe demain.

Aujourd'hui, je suis heureux, je suis un homme comblé.

Deuxième partie
Vivre en société

Quoi faire ?

« *Comportez-vous toujours en homme de bien.*
Vous ferez plaisir à quelques personnes
et vous étonnerez les autres. »

Mark Twain

Une crise de l'espérance

Le Québec et les Québécois n'ont plus confiance en rien ni en personne. Une léthargie grandissante s'est installée, qui fait d'ailleurs cauchemarder les pessimistes. Les Québécois, hélas, se contentent de hausser les épaules. Quand ils ont un gagne-pain, ils travaillent. Beaucoup, avec cette passion très moderne de la performance qu'on leur a inculquée. Quand ils chôment, ils gardent à l'esprit l'idée d'injustice avec plus ou moins de patience. Mais qu'il travaille ou non, chacun d'entre eux n'en a pas moins le sentiment de vivre, d'espérer et de réfléchir seul. D'être seul, désespérément seul.

C'est à eux tous que je m'adresse.

Pas aux marginaux. Parce que les marginaux, aujourd'hui, ce sont ceux qui ont un toit, qui vivent à l'aise, qui ont un emploi stable dont ils sont satisfaits, qui gagnent bien leur vie, qui n'ont pas à s'inquiéter de leur lendemain. La norme, présentement, c'est la pauvreté, le chômage, le pessimisme ambiant, le manque de compréhension aussi. Le manque de compréhension, surtout. Que nous sommes loin des années de vache grasse que ma génération a connues et au cours desquelles c'était l'inverse. La richesse : la norme; la pauvreté : la marginalité!

Mais les grandes idéologies se sont écroulées et seule a réussi à tirer son épingle du jeu la génération des années quarante et cinquante, celle des fameux baby-boomers — une élite hétérogène, composée aujourd'hui de directeurs d'entreprises, de hauts fonctionnaires, d'hommes politiques, de quelques rares intellectuels et de grands communicateurs —, une élite qui, présentement, vit trop souvent en vase clos et croit toujours pouvoir gérer seule l'avenir de notre société, sans avoir de comptes à rendre à qui que ce soit. Mais qu'advient-il de la majorité? Doivent-ils nécessairement être des sacrifiés? J'ose croire que non, même si nous empruntons ce chemin dangereux depuis maintenant des années. Il faut renoncer à aller plus avant dans cette direction et à nous perdre dans une forêt de plus en plus dense et de plus en plus parsemée d'embûches et de dangers.

Mais dresser le constat que la société — la nôtre — est foncièrement malade n'est pas un diagnostic qui va de soi, parce que c'est admettre que nous avons commis des erreurs. Cela sous-entend, exige même, une remise en question complète des décisions que nous avons prises et des gestes que nous avons faits au cours des dernières décennies. Et lorsque je dis «nous», je ne parle pas seulement des hommes politiques ni de ceux dont j'ai fait mention plus haut, mais bien de tout le monde. De chacun des Québécois et Québécoises. Nous avons tous, à un degré ou à un autre, une part de responsabilité dans ce qui arrive. Nous sommes finalement tous responsables de l'état actuel de notre société, soit parce que nous avons fait des gestes concrets, soit parce que nous n'avons rien fait. Et celui qui cherche à se laver les mains devant un tel échec parce que, justement, il n'a rien fait est peut-être le plus coupable. Celui qui s'est engagé, au moins croyait-il en certaines valeurs. Il s'efforçait de bâtir. Rien ne sert cependant de chercher un ou des coupables — c'est peut-être là un de nos problèmes, vouloir à tout prix trouver des responsables. Combien de fois n'ai-je pas entendu, lorsque des difficultés surve-naient : « C'est la faute du gouvernement », « C'est la faute de la société », « C'est la faute de... » Rarement, sinon jamais, ai-je entendu : « C'est peut-être de ma faute ! » D'ailleurs, identifier les responsables ne changerait rien à la situation, le constat resterait le même : la société est en crise.

La société est malade et souffrante.

Mais pourquoi?

Prendre du recul

Les années soixante — celles de la Révolution tran-quille — ont provoqué de nombreux changements, pour ne pas dire des bouleversements, qui ont eu des effets sur l'ensemble de notre société, sur les gens et sur les institu-tions, et qui ont permis à la politique, à l'économie, à l'éducation et à la culture, notamment, de vaincre un immo-bilisme frileux et de se lancer dans des réalisations progressistes à l'image même de ce qu'était devenue notre société. Chacun s'entend à reconnaître que cette évolution était nécessaire et opportune, et de plus, qu'elle fut, somme toute, positive.

Mais tout en concédant que la Révolution tranquille a apporté beaucoup aux Québécois, je crois qu'il est aujourd'hui important, primordial même, de prendre un peu de recul et de remettre en question la structure et l'état d'esprit qui en ont résulté et qui continuent de nous animer aujourd'hui. Parce qu'il nous faut bien admettre que nous sommes dans une impasse. Nous croyions que la prospérité et le confort reposaient sur des assises solides, que nous avions les moyens de réaliser le moindre de nos rêves, que le chemin que nous avions emprunté ne pouvait que nous mener vers des horizons heureux et ensoleillés. Lorsqu'il nous a fallu admettre que ce n'était pas le cas, le choc a été brutal.

Si un certain nombre d'entre nous, spécialement la génération actuelle des quarante et cinquante ans, ont effectivement tiré profit des structures mises en place au cours de ces années prospères et se retrouvent aujourd'hui dans des situations privilégiées, il faut bien constater que l'ensemble de la population n'a profité qu'illusoirement de cette aisance. Ils sont de plus en plus nombreux, ceux qui ne profitent plus et ne profiteront plus de cette manne. Et lorsque les difficultés économiques et leurs conséquences (le chômage, la pauvreté, etc.) ont commencé à se faire vraiment sentir, le drame est apparu dans toute son ampleur; et la répartition inégale des biens entre les riches et les pauvres n'a cessé de s'accentuer, trahissant de ce fait un profond malaise de société.

Pourtant, cela ne s'est pas produit du jour au lendemain, en dépit de ce que l'on aimerait croire. Bien sûr, la récession qui s'éternise n'a pas aidé à améliorer notre condition, mais attention! le taux de chômage n'a pas explosé du jour au lendemain. Lorsqu'on scrute les chiffres, on s'aperçoit qu'il a connu un accroissement depuis les années soixante, un accroissement non seulement plus fort au Québec que dans la majorité des principaux pays industrialisés, mais également supérieur à celui du Canada dans son ensemble. Au cours des dernières années, le taux de chômage de certaines régions de la province, telles la Gaspésie, la Côte-Nord et le Saguenay-Lac-St-Jean, s'est terriblement rapproché de celui que l'on avait pu observer pendant la Dépression.

Les entreprises continuent de fermer, de sabrer dans leurs dépenses, les emplois disparaissent. Et que dire des disparités régionales? Certaines régions moins favorisées voient leur activité économique décroître dramatiquement, le chômage devient chronique, le niveau de vie diminue sans cesse. Plus grave encore, ces régions ont tendance à se vider de leur population et elles éprouvent de plus en plus de difficultés à attirer chez elles les professionnels dont elles ont un urgent besoin, qu'il s'agisse des services de la santé ou de l'éducation.

On parle sans cesse d'une relance économique, mais elle tarde à se matérialiser. Honnêtement, rien ne laisse prévoir que la situation pourra s'améliorer de façon significative au cours de cette décennie si nous continuons dans la voie que nous avons empruntée. Ni l'État-providence ni le néo-libéralisme à la Reagan et à la Thatcher ne sont venus à bout de nos problèmes. Au contraire, au fil des années, ces derniers ont pris une ampleur excessive.

Admettons-le donc, une fois pour toutes!

Et agissons différemment, pensons autrement, plutôt que de simplement baisser les bras et d'abdiquer.

Le drame des pauvres

C'est un drame effrayant qui se joue. Un drame terriblement humain, car, au-delà des statistiques et des chiffres, ce sont bel et bien des hommes et des femmes qui souffrent. Qui se sentent délaissés, abandonnés, parce que privés de la possibilité de gagner honorablement leur vie. Félix Leclerc ne disait-il pas que « la meilleure façon de tuer un homme est de le laisser à ne rien faire ». Mais cette situation, déjà grave, pourrait se gâter davantage. Avec la crise des finances publiques, l'abandon des politiques de déficits budgétaires systématiques, les problèmes de protection sociale, les coûts toujours plus élevés de l'universalité des soins de la santé, il risque d'y avoir de plus en plus d'exclus, de plus en plus de gens qui devront recourir aux programmes d'assistance sociale et d'assurance-chômage. Et on ne parle pas encore du gaspillage impardonnable et éhonté du capital humain ni de cette situation qui sape les bases mêmes de la solidarité sociale, du fait que l'on élargit le fossé entre ceux qui peuvent s'assurer des revenus et ceux qui ne le peuvent pas. Non seulement on vit une plus grande inégalité des revenus, mais on constate qu'il y a de plus en plus de pauvres et que cette pauvreté a changé de visage, d'âge et de sexe. De récentes statistiques soulignaient que ce sont les personnes âgées, les femmes chefs de familles monoparentales et les jeunes de dix-huit à vingt-cinq ans qui sont les plus frappés par la pauvreté. Des données qui devraient nous faire frissonner, puisqu'on y retrouve les éléments les plus vulnérables de notre société, les enfants et les aînés, et aussi ceux qui devront tenir, demain, les rênes de cette même société.

Tout le monde se dit désolé, mais personne ne semble trop savoir comment combattre ce phénomène aux causes multiples et dont les intérêts sont pour le moins divergents : d'un côté, on retrouve les organismes engagés dans des luttes sociales, y compris les syndicats qui souhaitent une répartition plus équitable des richesses et une réduction des écarts de revenus, et, de l'autre, les milieux d'influence néo-libérale qui, eux, veulent au contraire restreindre le niveau de protection sociale et, du même coup, diminuer l'importance et la taille de l'État. Entre ceux qui rêvent du retour de l'État-providence et ceux qui préfèrent laisser s'exprimer les forces du marché, il y a aussi — et surtout — les autres, ceux qui ont réussi à conserver leur emploi et qui, bien que sensibles au désenchantement des défavorisés, croient en la nécessité d'agir, mais n'en soutiennent pas moins qu'ils n'ont plus la capacité de payer.

Et puis, il y a les pauvres.

Mais, là aussi, une distinction s'impose entre les pauvres aptes au travail et ceux qui ne le sont pas. Bien des gens, en effet, ne sont pas en mesure de travailler, soit pour des raisons de santé, soit à cause d'obligations familiales — les familles monoparentales en sont un exemple. Pour eux, la pauvreté découle de l'insuffisance des prestations versées par les différents régimes de protection sociale. Malgré les sommes colossales consacrées à l'aide sociale, on n'est toujours pas parvenu à assurer à ces gens un revenu décent et suffisant parce que, justement, on attribue une part importante de ces sommes à des gens capables de travailler — non seulement capables, mais qui le veulent. Si tous ceux-là travaillaient, l'argent ainsi épargné permettrait d'assurer un niveau de vie décent aux autres. Mais voilà! tout n'est pas aussi simple. Les emplois manquent, l'inadaptation du système scolaire aux besoins du marché joue aussi un rôle, tout comme la permissivité des régimes d'aide sociale et d'assurance-chômage encourage parfois la tendance au moindre effort.

Il faut donc agir.

Nous n'avons pas le choix.

Parce que cette crise sociale sans précédent depuis la guerre, génératrice de millions de drames humains, est directement liée à des phénomènes comme la criminalité, les actes de violence à l'endroit des femmes et des enfants, le suicide.

Les jeunes décrochent devant ce qui leur semble un avenir sans lendemain.

Les familles se disloquent.

Incontestablement, nous n'avons pas le choix. Pouvons-nous raisonnablement rester les bras croisés devant ces drames?

Non.

Des droits, mais aussi des devoirs

Tout le monde a droit au bonheur et à la réussite; pas cette réussite qui a été notre lot pendant trop longtemps et qui consistait, particulièrement pour ceux de ma génération, à posséder une maison, une piscine, quelques automobiles devant la porte, une motoneige et quoi encore. Ce faisant, c'est peut-être nous qui avons malmené ces notions de bonheur et de réussite en les ramenant à des considérations mesquines et bassement matérielles. Parce que le bonheur, la réussite, c'est autre chose : c'est se réaliser soi-même.

Quoi faire ?

Notre bonheur et notre réussite se trouvent en nous-mêmes. C'est pourquoi chacun doit agir. Il n'existe pas de recette miracle pour réussir sa vie, il n'y a que celle que l'on adapte à son vécu et dont on retire satisfaction. Chacun doit faire quelque chose, et pas demain ni dans un mois, mais immédiatement. Quiconque croit disposer de beaucoup de temps pour élaborer un plan d'avenir est dans l'erreur. Laisser s'écouler une trop longue période entre la réflexion et l'action nous pousse bien souvent, sinon à oublier le motif qui nous incitait à agir, tout au moins à nous détourner de notre objectif principal. On le sait, le temps fait oublier bien des choses, même notre désir de nous en sortir. L'urgence : c'est maintenant.

Or, nous avons tous droit au bonheur et à la réussite — c'est quelque chose d'inaliénable —, mais cela comporte aussi des devoirs et des responsabilités. Rester à ne rien faire, à attendre, à geindre ne réglera rien. Ma grand-mère — elle n'avait aucune instruction, mais quelle intelligence! — disait : « Quand tu n'aimes pas le sucre à la crème des autres, eh bien, apprends toi-même à en faire. Ou tu vas aimer le tien, ou tu vas devoir admettre que celui des autres n'est pas aussi mauvais que tu le croyais! » Il en est de même pour le bonheur et la réussite. Chacun doit se demander ce qu'il peut faire pour améliorer la situation de l'ensemble de notre société — déjà, c'est imaginer le bonheur, le voir à portée de la main.

Quoi faire ?

Si nous attendons que la société fasse quelque chose pour nous, non seulement aurons-nous toujours des critiques à formuler, mais nous risquons aussi d'attendre longtemps avant d'obtenir exactement ce que nous voulons, ce que nous souhaitons. Tandis que si nous agissons, si limitée que soit notre action, nous acquérons la notion de responsabilité. Dès lors, nous avons une nouvelle vision des choses. Une vision combien plus prometteuse — une vision pratique.

Il faut arrêter de faire travailler les gens sur des idées qui n'aboutissent pas, qui sont sans issue. Parce que, en bout de ligne, comme il n'y a pas de résultat tangible, chacun se dit que c'est du pareil au même. La population a vu l'Union Nationale au pouvoir, puis le Parti Libéral, puis le Parti Québécois, et de nouveau le Parti Libéral : qu'avons-nous retenu de leur passage à l'Assemblée nationale? Rien. Ou plutôt nous avons tout de même remarqué que le déficit était toujours plus important... et qu'on finissait par exiger de nous des sacrifices toujours plus grands. Ce n'est pas que la population ne soit pas prête au sacrifice, à l'effort — elle a prouvé qu'elle l'était —, mais elle veut des résultats.

Les élites, quelles qu'elles soient, doivent donc changer de discours, dialoguer avec la population, parler un langage humain. Oublier les idéologies qui ne mènent nulle part, pour proposer une nouvelle orientation. Être pratiques, constructifs. Il faut arrêter de défendre son petit bout de terrain comme si l'on était en guerre, comme si l'autre était un ennemi. Parce que, dans ce cas, c'est le territoire tout entier qui est en train de se désagréger. C'est notre avenir qui s'assombrit davantage de jour en jour.

Pour aller de l'avant, demandons aux chômeurs, aux assistés sociaux, aux jeunes, aux pauvres, à tous ceux qui sont défavorisés de mettre eux aussi la main à la roue.

C'est en procédant ainsi qu'on peut espérer voir poindre un changement.

C'est en demandant l'aide de chacun que nous pourrons changer la société. La transformer en profondeur. Pour y parvenir, deux mots clés : responsabilité et tolérance. Deux mots qu'il faut prendre dans leur acception la plus noble.

Tout comme je peux être responsable d'un accident, c'est terrifiant —, je peux aussi être responsable du fait que mon enfant n'obtienne pas de bons résultats scolaires — c'est tout aussi insupportable; c'est une responsabilité culpabilisante, une imputabilité. Ce n'est pas celle-là que j'évoque. Je parle plutôt ici de la nécessité morale et intellectuelle d'assumer un devoir, un engagement. Une responsabilité qui améliore l'individu.

Cela vaut aussi pour la tolérance. Il faut être capable d'admettre chez les autres une manière de penser ou d'agir différente de celle que l'on adopte soi-même.

Autrement

*« Un homme ne se mêlant pas de politique mérite de
passer, non pour un citoyen paisible,
mais pour un citoyen inutile. »*

Thucydide

Redonner au politique son véritable sens

Au-delà de l'organisation et de l'exercice du pouvoir, on doit concevoir la politique comme un instrument; un instrument pour prendre et garder le pouvoir, certes, mais surtout pour prôner et défendre des idées que l'on croit justes.

Voilà ce qui a motivé mon engagement politique. D'ailleurs, je dis toujours que, pour réussir à faire quelque chose en politique, il faut savoir s'engager de façon désengagée, c'est-à-dire vouloir la réussite de ses projets, mais ne rien attendre — espérer — en retour, sinon la satisfaction du devoir accompli, un sentiment qui en laisse plus d'un plutôt froid. Trop de gens, malheureusement, ont comme seule motivation de leur engagement politique la recherche de leur réussite personnelle. Pour moi, cette voie n'a non seulement aucune raison d'être, mais également aucun avenir.

Lorsque je rêvais de devenir ministre, ce n'était pas pour le plaisir de me faire appeler Monsieur le Ministre. Ce titre, attaché à ma fonction, me gêne plutôt et me rend mal à l'aise. Et puis, disons-le, être ministre, ça ne dure pas éternellement; on peut l'être deux ans, trois ans, dix ans, mais on ne l'est jamais à vie. Au terme de son mandat, il faut continuer de vivre, et même réapprendre à vivre dans certains cas. Tandis que l'on est membre de la collectivité à vie. C'est donc dans cette perspective qu'il faut travailler.

Je voulais devenir ministre parce que j'étais persuadé (et je le suis encore, quoique ma perception ait quelque peu changé) qu'à un tel poste on doit être en mesure de provoquer des changements dont la population pourra bénéficier, tenter des initiatives nouvelles susceptibles d'améliorer la société, le bien-être des gens.

Je crois avoir réussi à changer certaines choses. À faire valoir certaines idées que je jugeais intéressantes et importantes. À développer aussi la concertation avant le mot. J'ai réussi à apporter des transformations dans le domaine du loisir, du sport, de la chasse et de la pêche, dans celui de la faune. L'agriculture et le développement régional ont également fait (et font encore) partie de mes préoccupations. Et, chaque fois, j'ai travaillé à ces changements avec des partenaires du milieu.

J'admets que ça n'a pas toujours été facile. Par exemple, j'ai senti une certaine résistance au sein de l'appareil gouvernemental, non pas tellement sur le plan politique, mais plutôt sur le plan administratif; là où, lorsque des changements interviennent, surtout lorsqu'on parle de redonner le pouvoir à la collectivité, aux gens du milieu, à ceux qui sont les mieux placés pour prendre des décisions qui profiteront à l'ensemble de la communauté, on se sent fragile parce que le pouvoir et les budgets que cela commande ne concordent pas toujours. Même si ce sont des décisions qui tombent sous le sens, il faut beaucoup d'énergie et de courage pour les faire accepter. Beaucoup de temps aussi. Et beaucoup de perspicacité. Il m'a parfois fallu sept, huit et même dix ans pour réussir à apporter des modifications que je jugeais essentielles. Mais jamais je n'ai songé à abandonner, à lâcher, parce que j'ai toujours su que celui qui abandonne ne peut faire triompher ses idées. Et cela est vrai en politique comme dans n'importe quel autre domaine.

J'ai également dû réaliser, et c'est étrangement paradoxal, que plus on a de pouvoir, plus il est difficile de changer telle ou telle situation. Parce que la résistance est plus forte. C'est toutefois compréhensible, en ce sens que l'individu se sent menacé par un changement de modèle qui impose de nouvelles règles. Nous avons tous appris, consciemment ou non, à fonctionner en donnant priorité à nos intérêts. Or, de nouveaux modèles, de nouvelles règles, sous-entendent souvent, sinon toujours, une remise en question de notre situation, voire, dans certains cas, une menace à nos activités, à notre sécurité.

De là mon mot d'ordre de « s'engager de façon désengagée » qui devrait s'appliquer tout particulièrement sur les plans politique et gouvernemental. Et ce n'est qu'après que tous les intéressés auront compris et accepté cette nouvelle règle du jeu que l'on pourra demander à la population de le faire à son tour — et là aussi, ce sera essentiel. C'est la seule véritable façon, je crois, d'être utile à la société : avoir une vision qui nous permette de mettre en jeu nos propres intérêts si cela peut s'avérer bénéfique pour la collectivité. Parce que, au bout du compte, il faut pouvoir se dire que si la société en retire des bénéfices, nous en retirerons également.

Malheureusement, nous sacrifions trop souvent cette vision à moyen ou à long terme à une vision à court terme, nos intérêts collectifs à des intérêts individuels. Et nous freinons alors une évolution qui serait profitable à la société tout entière, et particulièrement aux jeunes qu'il nous faut faire participer non plus à des projets de société, mais à une nouvelle société.

J'ai réussi à apporter des changements valables, à modifier des comportements, trop peu à mon goût il va sans dire, mais suffisamment pour que je me dise que ces vingt années passées en politique n'ont pas été vaines ni inutiles. Mais la bataille est loin d'être terminée; je considère que tout ce que j'ai fait n'est qu'une goutte d'eau dans la mer des réalisations qu'il reste à accomplir.

Pour que l'on puisse aller plus loin, il faut maintenant que chacun, travailleurs et chômeurs, riches et pauvres, jeunes et vieux, fasse table rase des structures et des méthodes qui ne fonctionnent plus. Il faut que chacun se sente concerné : j'ai trop souvent entendu des gens dire qu'ils ne se mêlaient pas de politique parce que ça ne les intéressait pas. Voilà qui est inquiétant. Parce que qu'est-ce que la politique sinon du quotidien, sinon le reflet de notre société? Chacun doit apporter sa contribution pour bâtir un avenir meilleur; quand quelqu'un se soucie peu d'atteindre cet objectif, c'est alors un maillon de la chaîne qui ne remplit pas son rôle, et une chaîne ne peut être plus forte que son maillon le plus faible.

Inventer et créer

Un objectif louable, diront certains (je les entends déjà), mais difficilement réalisable.

Il faut proposer du NOUVEAU; on se contente de ressortir de vieilles structures et des méthodes désuètes, dans l'espoir illusoire que, un peu maquillées, elles pourront imprimer un virage significatif. À croire que très peu d'entre nous ont vraiment réalisé que notre société traversait une période de mutation profonde qui exige des changements parfois radicaux.

Nous en sommes pourtant à ce point déterminant.

Alors, qu'on cesse une fois pour toutes d'évoquer une seconde Révolution tranquille comme solution à nos problèmes. Tel n'est pas le remède. L'idée de la Révolution tranquille était celle d'une révolution démocratique, antiautocratique, une révolution heureuse. On constate aujourd'hui que ce fut celle de la génération du désir et de l'utopie. Alors que l'on croyait que cette libération serait permanente et douce, nous avons dû constater que la passion et le rêve résistaient bien mal à la réalité. On a glissé dans de nouvelles habitudes, on s'est tranquillement remis à découvrir les mille petites déceptions de la vie quotidienne et, surtout, notre impuissance à modifier le cours des choses. Non seulement le chômage existe-t-il toujours, mais le nombre de chômeurs n'a cessé d'augmenter. L'injustice sociale s'est faite de plus en plus présente. Le nombre de pauvres s'est accru.

Nous ne pouvions plus tenir nos promesses.

Il faut donc cesser de prendre ces notions qu'on nous a inculquées pour des vérités immuables et les seules nous permettant d'interpréter les faits, d'orienter ou de diriger notre pensée et notre action. Les choses ont changé, et de façon considérable. La perception même de l'intérêt général, de la collectivité, qui a longtemps été présente au coeur et à l'esprit de nos aïeux s'est diluée jusqu'à disparaître. Même le clivage entre les partisans de l'indépendantisme du Parti Québécois et de ceux du fédéralisme du Parti Libéral tend à s'estomper. Bref, on peut dire que la vie actuelle en société se résume de plus en plus à une multitude de trajectoires individuelles sans liens entre elles.

Alors reparler de Révolution tranquille...

Moi, je dis qu'il faut inventer, créer, car s'achève aujourd'hui une façon dépassée de faire de la politique. Ce dont nous avons besoin, c'est d'une nouvelle conception vivante et humaine de la politique qui nous permettra de transformer radicalement la société.

Si l'inégalité existe depuis que le monde est monde et non pas seulement depuis que les hommes se sont mis à penser politique, on ne doit pas pour autant baisser les bras, démissionner et se dire que, puisque cela a toujours été, cela sera toujours. Au contraire, il faut y voir un défi et inciter tous et chacun à abandonner le discours traditionnel pour explorer de nouvelles pistes, conclure de nouvelles alliances, élaborer un nouveau contrat social.

Il faut prendre le parti de la solidarité contre celui de l'égoïsme, le parti des faibles contre celui des forts. Il faut réintroduire les principes de morale et de collectivité qui ont, pendant trop longtemps, été sacrifiés au profit des veaux d'or du succès personnel. Il faut aussi inventer une pensée capable de se libérer du dogmatisme, une finalité en mesure de rompre avec le fatalisme et le pessimisme ambiants, une stratégie collective susceptible de rallier tout le monde.

Je ne parle pas de programme politique, mais plutôt d'un instrument moderne qui permette de nourrir cette pensée dédiée au bien-être de la collectivité et qui puisse prendre ses distances avec la politique partisane.

Une politique à visage humain qui nous permettra de nous changer nous-mêmes pour transformer la société. Bref, il faut parler de RÉVOLUTION INDIVIDUELLE.

Le pouvoir aux pauvres

« *Je suis pauvre comme Job, Monseigneur,*
mais beaucoup moins patient. »

Shakespeare

Pour mes enfants

C'est pour ma fille et mon fils que je viens d'avoir à cinquante ans, que je veux changer les choses.

C'est pour eux et pour tous les enfants du Québec que je veux me battre. C'est à cause d'eux aussi que je ressens l'urgence d'agir. Parce que leur léguer cette société dans l'état où elle est et qui frise le marasme, leur léguer un horizon assombri et un endettement dont il sera de plus en plus difficile de se sortir, serait un bien triste héritage et d'autant plus déplorable qu'il sera le résultat de notre inconséquence en tant que société.

Parce que chacun d'entre nous a vu les signes avant-coureurs de ces difficultés que nous connaissons aujourd'hui. Seulement, personne (et je suis du nombre, je l'admets) n'a voulu intervenir. Nous nous contentions de mettre un peu de peroxyde et un sparadrap là où la blessure était la plus apparente en nous disant qu'elle finirait par guérir.

Elle n'a pas guéri. Le mal s'est répandu.

Je crois toutefois que c'est un mal pour un bien, en ce sens que cette récession qui nous frappe depuis quelques années, acculant les gouvernements au pied du mur, multipliant le nombre de chômeurs, augmentant les inégalités sociales, aggravant la situation des pauvres, nous oblige tous — nous, les individus — non seulement à nous prendre en main — mais à prendre aussi, désormais, la situation et, mieux, la société en main.

On a fini de rêver.

On a également fini de croire que les gouvernements étaient là pour nous rendre heureux. D'ailleurs, s'ils sont impuissants à combattre le pire, la misère, l'injustice, l'oppression, l'insécurité..., comment pourrait-on rêver du meilleur? Le réveil est cependant brutal, je le concède. Mais cette situation particulière offre une occasion inouïe aux écorchés de notre société, à tous ceux qui ont désappris à rêver. Aujourd'hui, ils ont la chance de prendre leur société en main.

Malgré la crise qui sévit, certains chercheront encore à les en empêcher. Quoi qu'ils fassent pourtant, je crois que ce sera trop peu et trop tard. Les gouvernements, l'appareil bureaucratique compris, doivent gérer les fonds publics avec sagesse pour ne pas dire avec parcimonie, tandis que les syndicats sont pris à contre-pied, ayant de la peine à trouver une mouvance humaine et progressiste.

Toutefois, avant que les uns et les autres ne parviennent à véritablement redéfinir leur place et leur action, le pouvoir appartient aux pauvres.

Parce que, aujourd'hui, personne, sauf eux, ne peut prétendre les représenter en bloc, la pauvreté n'étant plus ce qu'elle était et ne frappant pas sur tout le monde avec la même rigueur. Elle accule les uns à un dénuement total, ou presque, les faisant vivre chaque jour avec l'angoisse au coeur et l'inévitable difficulté du pain quotidien. Ce problème se trouve accentué par ces autres impératifs, non moins délicats et qu'on oublie trop souvent : ceux du logement, du vêtement, de l'électricité, du chauffage. Pour d'autres, la pauvreté se fait tout juste moins dure, souvent en raison de contorsions budgétaires inimaginables qui ne leur laissent que le strict nécessaire. Ils se nourrissent grossièrement, mais n'ont pas le ventre vide. Ils s'habillent de façon modeste, mais décente. Ils ont tout juste de quoi subvenir à leurs besoins essentiels et n'ont jamais l'occasion — la chance — de s'offrir cette petite fantaisie qui éclaire un quotidien frugal.

Mais ce ne sont pas les seuls pauvres, ce ne sont plus les seuls pauvres. Car la pauvreté, maintenant, se montre parfois plus indulgente, en ce sens qu'il existe des pauvres qui peuvent encore s'offrir un peu de ce superflu qui permet quelques légers plaisirs, mais pour qui la question du lendemain se pose avec une acuité toute nouvelle.

Tous ces gens sont prêts à se mobiliser, à condition qu'on les persuade qu'ils ne sont pas uniquement des instruments dont on se sert aujourd'hui et qu'on rejettera à la première occasion. Ils en ont assez de ces utopies qu'on a fait miroiter à leurs yeux pendant trop longtemps, ils en ont également plus qu'assez de ces faux paradis qui sont devenus des enfers. C'est pourquoi je dis que ce sont eux qui doivent amorcer les véritables changements.

Et lorsqu'ils les auront amorcés, lorsqu'ils auront multiplié les façons de remplacer les appareils désuets, de supprimer les vieilles méthodes, l'élan sera donné. De façon irréversible. Chacun sait que c'est la collectivité qui fait bouger les choses, même ce qui semble immuable.

Je ne dis pas que la tâche sera facile, loin de là! Mais j'affirme qu'elle est possible... et souhaitable.

Ras le bol de la théorie

D'autres raisons m'incitent à croire que ce sont les laissés-pour-compte de notre société qui pourront vraiment changer les choses. Ces gens-là, ne l'oublions pas, sont à la limite de la rupture sociale, de l'anarchie.

Aussi veulent-ils du concret.

Du pratique.

Et ils savent exactement ce qu'ils veulent, n'en déplaise à ceux qui croient encore et toujours que les chômeurs et les assistés sociaux le sont par goût ou par paresse. Il y en a, bien sûr, on ne peut le nier, mais il faut aussi admettre que ce n'est pas la norme, que la très grande majorité d'entre eux préférerait un emploi stable, un salaire hebdomadaire et surtout la valorisation personnelle que cela procure. Oui, ils savent ce qu'ils veulent, pas nécessairement de belles théories, mais des emplois stables et correctement rémunérés.

Cela ne m'empêche pas de comprendre le travailleur qui, aujourd'hui, paie des impôts, des taxes, qui se sent pris à la gorge et qui, lui aussi, finit par souffrir d'insécurité, par maudire ces gens qui ne font rien et par abhorrer notre système de protection sociale. Je ne le comprends que trop bien. Mais dénier toute importance, tout rôle aux chômeurs et aux assistés sociaux est un pas que je n'accepte pas et n'accepterai jamais de franchir. Les sans-emplois, dans mon esprit, restent des gens qui peuvent apporter une contribution importante et significative à la vie de notre société, à condition d'en avoir la chance. Et cette chance, je la vois, là, maintenant.

Dans cette période de crise que nous vivons.

En conséquence, tous ces écorchés de notre système et ceux qui se présenteront comme leurs leaders ou leurs porte-parole devront accepter de renouveler leur discours et de changer leurs attitudes. Ils devront eux aussi faire connaître leur vision de cette nouvelle société qu'ils souhaitent plutôt que de simplement interpeller et revendiquer. Cela exigera sans doute un questionnement en profondeur, mais je suis persuadé qu'ils sauront rapidement s'adapter à cette situation parce que ce sont eux qui ont le plus à gagner, qui ont le plus le goût de vivre de nouvelles expériences et de risquer de nouvelles approches.

Les résultats seront là, je n'en doute pas.

Comme les gouvernements seront contraints à l'austérité, ils se verront obligés d'accepter cette nouvelle façon de faire, cette nouvelle aide, car c'en sera une, ne nous le cachons pas. Cette fois, cependant, ce sont eux qui devront suivre le pas, ce qui signifie dans les circonstances qu'ils devront dégager de véritables budgets et les remettre entre les mains de ceux qui sont prêts à agir.

J'en vois déjà me rétorquer qu'on n'a plus d'argent. C'est vrai. On n'a plus d'argent, comme gouvernement, pour des déficits qui n'en finissent plus d'augmenter, pour une machine étatique qui freine les initiatives, pour une crise sociale qui va jusqu'à menacer les acquis les mieux ancrés.

Pour des projets qui ne mènent nulle part

Mais pour quelque chose qui aurait toutes les chances de réussir, qu'en serait-il?

Aucun gouvernement ne pourrait légitimement refuser des fonds pour une telle initiative qui s'inscrirait comme un mouvement de fond. Et je ne parle pas ici de miettes, mais bien de montants substantiels, significatifs. Sur un budget annuel de quarante milliards de dollars, un gouvernement déterminé pourrait aisément débloquer dix milliards de dollars sur dix ans.

Un milliard par année.

Énorme, dites-vous?

Allons donc, réfléchissez! Qu'est-ce qu'un milliard de dollars annuellement lorsqu'on prend en compte les dépenses gouvernementales justifiées, justifiables ou injustifiées : sept milliards de dollars consacrés par le fédéral et le provincial aux allocations de chômage et aux prestations d'aide sociale; les sept cents millions de dollars versés par la CSST; plusieurs centaines d'autres millions consentis aux différents programmes de soutien du revenu et de l'emploi. Sans compter les coûts sociaux et humains des cent cinquante-neuf mille pertes d'emplois survenues ces dernières années au Québec.

Et le bilan est loin d'être complet.

Alors, dix milliards de dollars sur dix ans, c'est tout juste raisonnable pour une nouvelle société, c'est même peu, tout compte fait. Mais pour donner cette impulsion, il faut accepter de faire le ménage dans tous ces programmes gouvernementaux combien trop nombreux et trop coûteux, et modifier toute la structure de l'État qui, de toute façon, ne peut plus fonctionner telle qu'elle est, afin que les seuls prestataires soient désormais ceux qui se trouvent réellement dans l'incapacité d'améliorer leur sort, les malades, les économiquement faibles. À eux, nous pourrons alors offrir davantage pour qu'ils ne connaissent pas le sort tragique jadis réservé aux indigents.

En faisant un grand ménage dans tous ces programmes instaurés au cours de nombreuses années, nous trouverons facilement dix milliards de dollars. Et une fois que nous les aurons trouvés, nous pourrons agir raisonnablement, créer des emplois, remettre les gens au travail, relancer vraiment l'économie, rebâtir une société dans laquelle les notions de travail, d'effort, de dépassement de soi et de participation retrouveront leur véritable sens.

Et, avec un effort réellement soutenu, nous pourrons alors viser de nouveau une politique de plein emploi.

La révolte tranquille

Si je dis que ce sont les pauvres, les démunis, les déshérités et les besogneux qui peuvent être (et seront) les outils de ce changement, c'est parce que nous sommes dans une situation qui réclame le concours de la majorité, où ceux qui possèdent encore hésiteront avant d'agir, avant même de suivre un mouvement exigeant un changement profond. Ils discuteront encore et encore sur la seule possibilité qu'il puisse exister de nouvelles avenues, de nouvelles orientations, quelque chose de vraiment innovateur, qu'il vaille la peine de tenter.

Ce sera en quelque sorte une révolte tranquille. Une révolte qui donnera voix au chapitre au simple citoyen, ce qu'il n'a pas eu depuis bien longtemps, admettons-le.

Parce que cette majorité vit présentement une désespérance qu'on lui a imposée. Mais chacun de ses membres, foncièrement, secrètement parfois même — comme s'il fallait s'en cacher —, nourrit encore l'espoir. Il faut non seulement cesser d'étouffer ces espoirs, mais les exprimer, et à voix forte. Ces espoirs, il faut les réunir, les regrouper, les rassembler, jusqu'à ce que cette notion prenne le dessus sur le fatalisme ambiant et oblige nos gouvernements à adopter les orientations qui s'imposent.

Mais, je l'ai dit, ça ne se fera pas en une journée. D'une part, parce que les chômeurs, les assistés sociaux — les démunis, quoi! — devront cesser de revendiquer pour revendiquer. Ils devront définir le genre de société nouvelle qu'ils veulent et se demander, du même coup, quelle pourrait être leur contribution à cette société. Ça pourrait même être plus égoïste ou simplement se traduire par une interrogation d'individus qui cherchent à améliorer leur sort. Qu'à cela ne tienne! Tout changement heureux et bénéfique que

chacun pourra — et peut — faire sera profitable à la collectivité. Après tout, l'espoir collectif est fonction de l'espoir
individuel. Si ça va bien dans nos vies, inévitablement la
société aussi ira bien.

Ceux qui combattront le système actuel, qui démon-
treront le besoin de la population pour un renversement de
l'ordre actuel des choses, auront donc le premier mot; parce
qu'on a définitivement besoin d'un virage irréversible, voire
intrépide.

C'est le peuple au pouvoir, au-delà de la simple
image.

Mais pour réussir, cette majorité qu'on a toujours dé-
crite comme silencieuse doit accepter de s'exprimer, et pas
seulement au moment des élections, pas seulement parce
qu'on l'a invitée à sortir dans la rue. Elle doit faire entendre sa voix — haut et fort. Dix, vingt ou cent mille personnes sortent dans la rue pour dénoncer une politique ou des
compressions décrétées par un gouvernement. La grogne
prend tout à coup une allure de pouvoir populaire. Mais
l'est-ce vraiment? S'il arrive, comme c'est trop souvent le
cas, que le gouvernement cède, parce que le système aussi
est faillible, dix et cent fois plus de personnes, chez elles,
devant leur téléviseur, dénoncent ce même gouvernement
trop faible. Pourtant, ces gens — peut-être même vous —
sont tout autant responsables que les gouvernements puisque eux aussi ont failli par leur silence.

Il faut que chacun se décide à dire : trop, c'est trop — parce que la facture finit toujours par nous arriver. Il faut cesser de voir la capacité de payer du gouvernement comme une réalité qui nous est étrangère, qui ne nous concerne pas. La capacité de payer du gouvernement, c'est aussi notre capacité à nous de le faire en tant qu'individus, et ses limites représentent une menace pour l'existence de ces programmes sociaux que nous tenons pour acquis.

Il faut une révolte tranquille.

Une révolte qu'on ne puisse plus ignorer.

Il faut que la majorité silencieuse, une majorité maintenant composée de gens économiquement plus faibles, de pauvres même, cesse de tolérer d'être prise en otage, parce que, finalement, c'est toujours sur elle qu'on se rabat. C'est toujours elle qu'on finit par menacer. À cause de son manque de ressources. Cercle étrangement vicieux.

C'est pourquoi il faut dire : assez!

Il faut changer le système.

Des milliards de dollars sont en jeu.

Sinon, pourquoi, malgré la crise actuelle, on continuerait à mener le combat? À entretenir l'affrontement? On sait pertinemment que les gouvernements sont en attente d'une solution. Je ne crois pas, pour ma part, à l'existence actuelle d'un appareil qui puisse assumer les attentes de tous ceux que la Révolution tranquille a laissés de côté et qui souffrent aujourd'hui plus que jamais.

Cet appareil est à inventer.

Je dis : laissés-pour-compte, regroupez-vous! Unissez-vous! Vous avez trop longtemps été oubliés, c'est à vous maintenant de prendre votre revanche non pas sur la société, mais bien sur la vie. À votre tour d'agir.

C'est à nous de réclamer le droit au travail, source de toute richesse. Il la produit et il est le seul à pouvoir.

Quelle que soit la forme de richesse que l'on évoque, on trouvera toujours à sa base l'activité humaine. Un agriculteur possède d'immenses terres fertiles : qu'en retirera-t-il s'il ne les cultive pas? Un chef d'entreprise a accès à de la matière première en abondance : à quoi cela lui servira-t-il s'il ne réussit pas à la transformer en biens utiles à la collectivité? Qu'importe aux uns et aux autres d'avoir des idées ingénieuses ou des talents exceptionnels si ça ne dépasse pas le niveau de la pensée? Il faut concrétiser ses rêves.

Il ne fait plus aucun doute, on le constate tristement aujourd'hui, que si l'on veut de nouveau s'affirmer comme une société, une collectivité pleine de promesses, il faut se servir de ce potentiel humain qui semble être aujourd'hui un fardeau plus qu'autre chose, et savoir le mettre en valeur.

Il importe donc aujourd'hui de réclamer le droit au travail.

Parce que, sans travail, mais aussi sans effort et sans persévérance, il est impensable de songer à acquérir la richesse, individuelle comme collective. Voilà pourquoi toute stratégie axée sur le développement économique d'une société qui vise le bonheur de ses membres passe par le plein emploi.

C'est la seule façon.

Il faut donc que tous les sans-emplois, chômeurs, assistés sociaux, se décident à travailler ensemble et avec tous les partenaires sérieux qui peuvent se présenter; ils doivent aussi apprendre à tenir un langage différent, à balayer le négativisme. Cesser de rester tranquilles. Participer aux grands débats de société. Et, surtout, faire sentir leur poids sur tous les plans, auprès de tous ces gens chargés de les représenter à quelque endroit que ce soit — associations de comté, syndicats locaux, regroupements sociaux, etc.

Tous ces dirigeants ne pourront plus dire que la majorité est restée silencieuse.

Abuser des autres, c'est abuser de soi

Il est entendu que si un tel mouvement se met en branle, bien des gens — particulièrement ceux de ma génération, qui ont profité des bons côtés de la vie de ces dernières décennies et qui sont aujourd'hui assis bien tranquilles dans leur salon — vont ressentir une certaine peur. Je crois même qu'ils ne pourront réagir autrement, en pensant à la rigueur avec laquelle s'imposent ces changements. Je crois qu'à plus ou moins longue échéance ils feront contre mauvaise fortune bon coeur et finiront par se laisser emporter par ce vent de renouveau, obligés qu'ils seront de constater que les objectifs visés par cette transformation sont justement ceux qu'ils cherchaient eux-mêmes à atteindre, par des voies peut-être moins radicales — mais sans doute était-ce parce que leurs cocons étaient plus confortables que ceux des autres.

Après tout, ne cherchons-nous pas tous à mettre fin à une situation de non-sens et de non-avenir? Une situation que nous avons tous, à quelque échelon que ce soit, contribué à bâtir. C'est pourquoi, dans le fond, personne et tout le monde est à blâmer — et chercher avec insistance à désigner un coupable nous ferait gaspiller des énergies bien plus utiles ailleurs.

Nous savons tous où nous en sommes.

C'est vers l'avenir qu'il faut regarder.

Il faut donc que chacun d'entre nous se conscientise, cesse d'abuser du système, des autres, parce que, ce faisant, c'est de lui-même qu'il abuse. Il faut aussi arrêter de favoriser des situations qui ont fini par nous paraître normales avec le temps : des cigarettes et des alcools de contrebande qu'on achète, un plein d'essence que l'on va faire de l'autre côté de la frontière pour économiser quelques cents, un voisin qui travaille au noir et touche des prestations d'aide sociale sans que l'on fasse ou dise quoi que ce soit.

« Tout le monde le fait... »

Justement!

Ces façons d'agir sont tellement entrées dans nos moeurs que cela semble devenu normal. On ira même jusqu'à parler de débrouillardise. Remarquez que je n'ai pas parlé de légalité, je fais appel ici à la notion de collectivité, cette même collectivité qui déboursera douze milliards de dollars pour les soins de santé de ceux-là mêmes qui auront évité de payer une taxe ou une autre. Bien sûr, en achetant ces cigarettes et cette essence à un coût moindre, en tolérant qu'un voisin travaille au noir et retire des prestations quelconques, on a l'impression de faire une bonne affaire dans le premier cas et de ne rien faire de mal dans le second. Après tout, ce n'est qu'un cas particulier... Cependant, si l'on s'accordait quelques minutes de réflexion, on verrait combien cette façon de penser est biaisée et révèle un égoïsme dangereux. On ne réalise ni la menace que cela fait planer sur nos acquis (le système de santé, l'aide aux personnes âgées, ...) ni le fait que tous ces cas particuliers font boule de neige. C'en est trop.

Pour avoir épargné quelques dollars ici, quelques cents là, pour avoir cru faire un bon coup, nous aurons non seulement tué la poule aux œufs d'or, mais également attaqué sérieusement le legs que nous comptions faire à nos enfants.

Ainsi, on comprend mieux qu'aucun membre de notre société, de notre collectivité, ne devra se sentir exclu de ce train de changements qui auront été proposés. Les accepter, c'est se donner une chance de se bâtir un avenir meilleur. De toute façon, je crois que cette remise en question est souhaitée par tous. Simplement les moyens mis de l'avant par les uns et les autres différeront : les moins nantis voudront des changements que l'on vivra rapidement, tandis que les possédants chercheront peut-être à garder intactes certaines parties de la maison.

Changer

Nous voilà revenus à l'idée de départ : la nécessité de changements, de bouleversements.

Et si j'insiste sur l'idée que ce sont les plus démunis qui prépareront ces réformes, c'est que je suis persuadé que ça leur sera (que ça leur est) plus facile parce qu'ils ont plus d'idées que quiconque. Depuis combien de temps a-t-on vraiment songé à leur demander ce qu'ils pensaient de notre structure sociale, quels changements ils souhaiteraient, comment ils les concevraient, comment ils les cultiveraient, les développeraient? Ils sont une ressource d'autant plus inestimable que leurs solutions ont bien des chances d'être «pratico-pratiques», comme on dit dans le langage populaire.

Mais, du coup (et c'est pourquoi il y aura sans doute de la résistance), on sonnera le glas de ces idéologies par lesquelles nous nous sommes laissé guider pendant trop d'années et de tous ces gens qui en font leur profit. On balaiera même toute idéologie pour simplement élaborer et développer une société nouvelle qui n'aura d'autre objectif que de... nous rendre heureux. C'est quand même incroyable qu'on en soit rendu à trouver formidable la seule perspective d'être heureux en cherchant la simplicité, en reprenant l'idée que la notion de travail est essentielle à notre devenir.

Une vérité pourtant élémentaire, non?

Sans doute. Mais une vérité tellement simple, justement, que la plupart d'entre nous se sont comportés dans la pratique comme si personne ne la connaissait. Nous nous sommes tous laissé étourdir pendant trop d'années par cette idée séduisante que l'argent devait être facilement gagné. Inconsciemment, du même coup (parce que ça n'a jamais été facile de gagner de l'argent), nous avons rejeté d'un revers de la main la notion de vertu du travail qui habitait nos parents et les leurs pour chercher l'occasion de s'enrichir rapidement. Bien souvent, cette occasion n'est jamais venue. Et comme les nécessités de la vie nous forçaient tout de même à travailler, nous avons commencé à mal travailler, à considérer le travail comme une corvée.

À nous soumettre à la loi du moindre effort.

Pourtant, la plupart de ceux qui ont connu le succès et qui ont réussi à traverser sans trop de heurts la récession et la crise sociale actuelles sont ceux qui avaient le goût du travail, qui, leur tâche quotidienne achevée, continuaient à penser à leur travail. Comment se fait-il que nous ne l'ayons jamais vraiment remarqué?

Il nous faut réapprendre à travailler avec ambition. Avec la détermination de réussir du mieux possible le travail accompli; de cesser de gémir et de le voir comme une corvée inévitable; de nous appliquer à y prendre de l'intérêt. Et plus nous y trouverons notre avantage, plus nous travaillerons avec goût et mieux nous réussirons.

Qu'on se le dise : à quelques rares exceptions près, tous peuvent, à condition d'y mettre un minimum d'énergie, d'effort et de persévérance, trouver les ressources suffisantes pour se créer une vie agréable.

Des acteurs importants

Un jour, devenu ministre, j'ai accepté de remettre mon pouvoir en question. De me dépouiller de l'autorité inhérente à mon poste (parce qu'accepter de donner le pouvoir aux autres, c'est accepter d'en perdre). Ça n'a pas été facile, je l'avoue. J'ai même dû mener un certain combat intérieur. Tout homme n'aspire-t-il pas au pouvoir? Et là, tout à coup, j'y avais accès. Mais j'avais aussi toujours prôné une autonomie réelle pour les régions. C'est à ce moment-là que je me suis retrouvé devant mon miroir, comme je le dis souvent, et que je me suis dit : « Yvon, t'as toujours prêché qu'il fallait donner le pouvoir à ceux qui étaient les mieux placés pour agir. Si c'est bon pour les autres, ça l'est aussi pour toi. » Je me suis départi de mes pouvoirs (délégués, dit-on, dans le langage actuel) et j'ai aussi distribué les budgets qui allaient de pair avec ces responsabilités. Mais, en même temps, j'ai cessé d'être l'homme qui disposait de soixante millions de dollars pour le développement régional.

J'étais devenu un simple intervenant parmi les autres.

Par contre, le développement régional, lui, en a profité : les gens en situation de choix dans les régions ont pu décider avec plus de justesse que je ne l'aurais fait (ou qu'un fonctionnaire ne l'aurait fait) des outils et des moyens dont ils avaient besoin pour atteindre les buts qu'ils avaient en tête et, surtout, qu'ils savaient réalisables.

L'exercice a même été plus révélateur que je ne l'espérais. Avec les ressources et les outils en main, les acteurs locaux ont non seulement été plus motivés — parce qu'ils se sentaient responsables, n'ayant pas à répondre à des structures déjà en place — et plus nombreux, mais ils sont également parvenus à mettre sur pied des projets que personne n'aurait pu imaginer dans un quelconque bureau avec, pour seule perspective de la réalité régionale, une carte du Québec affichée au mur. La preuve a été faite que la gestion, l'administration de programmes gouvernementaux était plus performante lorsqu'elle émanait des gens du milieu.

Les changements en ce sens doivent non seulement se poursuivre, mais aussi s'intensifier et même être plus radicaux, qui sait? En ce sens, il est un peu regrettable que le dernier budget fédéral annonce des réductions de quatre-vingt-dix millions de dollars pour l'an prochain et de cent millions pour les années suivantes. Le gouvernement provincial, dans sa position actuelle et pris par cette même obligation de restriction, devra donc chercher à en faire plus avec moins d'argent. Cette voie d'autonomie régionale deviendra, de ce fait, la seule avenue possible pour atteindre à coup sûr des résultats significatifs.

Je crois d'ailleurs que la nouvelle génération de politiciens s'inscrira beaucoup plus dans la ligne de pensée du réalisme économique — il faut rembourser ce que l'on doit et remettre en question ce que l'on a — et qu'elle sera également plus près des véritables préoccupations de la population : le travail, la réussite et le bonheur.

« Développeurs », au travail!

« En temps ordinaire, les idées simples rôdent comme
des fantômes de rêve.
Quand une idée prend corps, il y a une révolution. »

Charles Péguy

« Développeurs », au travail !

Depuis un peu plus d'une vingtaine d'années, nous avons franchi des pas de géant en matière de développement régional. De l'État-entrepreneur, qui associait les gens du milieu par consultation, nous sommes passés à un État-partenaire, où la concertation était le mot d'ordre, pour arriver aujourd'hui à ce que je qualifie d'État-accompagnateur, où les agents régionaux de développement deviennent les principaux acteurs, guidés et soutenus par l'État dans leur action pour explorer, bâtir et grandir ensemble.

C'est là pour moi le signe vital d'une nouvelle alliance entre un État qui choisit de gouverner, c'est-à-dire d'être vraiment le gouvernail de ce vaisseau Québec, et un équipage de « développeurs ». Parce que nous sommes des « développeurs » — nous l'avons toujours été. Nous sommes un peuple dont les ancêtres étaient coureurs des bois, aventuriers, colons. Nous avons découvert, nommé et amorcé le développement de tout un continent. Et, hier encore, nous bâtissions nos « cathédrales » que sont Manic 5, LG2 et Bersimis. Notre véritable malaise de société n'est finalement apparu qu'au cours de cet intermède des « emplois stables », durant les années de servage industriel et l'époque de l'étriqué. On a beau croire et on a beau dire, les Québécois semblent s'ennuyer avec un job steady et un bon boss.

Nous sommes avant tout des gens d'action, d'initiative.

Des « développeurs ».

Pourquoi ce terme de « développeur » que j'affectionne tout particulièrement?

Parce que, du coup, on invente un langage. Ce n'est sans doute pas primordial, mais c'est essentiel pour nous faire réaliser la nécessité du changement. Le vocabulaire actuel se révèle impuissant à décrire les situations et les techniques nouvelles, l'esprit nouveau qui doit nous animer. La seule possibilité qui nous soit alors offerte pour mesurer l'importance des changements que la situation exige, c'est d'inventer de nouveaux mots capables d'exprimer de nouveaux concepts.

Et on ne peut attendre à demain : il faut les inventer dès aujourd'hui.

Mais des développeurs, pourquoi?

Parce que ça fait référence aux individus, au « tu es ». Parce que c'est auprès des individus qu'il faudra travailler. Il faut développer l'estime de soi. Redonner confiance à l'homme et à la femme du Québec, être fiers de nos institutions et croire en elles, avoir le sens de la perspective, pouvoir s'imaginer un futur. Autrement, les jeunes n'arrêteront jamais de se suicider. François Mauriac disait : « Quand la

jeunesse se refroidit, le monde entier claque des dents. »
Autrement, les personnes âgées ne cesseront pas d'avoir
peur. Autrement, les sans-emplois sombreront dans une léthargie déprimante. Autrement, vous, moi et les autres
n'aurons plus aucun goût pour la mobilisation.

L'Abitibi a le potentiel pour relever tous les défis,
pour devenir un pays dans le pays. Le Saguenay-Lac Saint-
Jean peut lui aussi se spécialiser et devenir un véritable pays
dans le monde. La Gaspésie peut trouver sa voie. Je serais
porté à dire : « À bas la souveraineté, vive toutes les
souverainetés régionales! »

Les administrateurs ont tué l'estime que nous devons
avoir de nous-mêmes, de nos institutions, de nos organismes. Pourtant, c'est formidable ce que l'on peut faire.

On peut tout faire.

Réhabilitons donc cette idée au plus vite si nous voulons avoir affaire à de véritables développeurs.

À l'oeuvre!

Le rôle du gouvernement, c'est de donner confiance,
d'éliminer les obstacles, de garder ce qui a du bon sens et
de jeter le reste. Parce qu'il apparaît évident, à l'aube du
vingt et unième siècle, que notre façon de gouverner et nos
structures doivent être transformées. Profondément. Radica-

lement. Nous savons tous que les mécanismes actuels ont été mis en place il y a plus de cent ans et qu'ils ne fonctionnent plus. Comme bien d'autres particularités de notre monde. Le communisme a eu le temps de naître et de mourir et le capitalisme sauvage de faire long feu, et toutes les notions politiques sont aujourd'hui chamboulées.

On se retrouve donc en train de définir ce qui sera une troisième voie : celle de l'initiative. Parce que je crois que le monde à venir sera celui des hommes d'initiative, des développeurs. De l'homme qui croit que le progrès et le succès dépendent de lui-même et de son action, mais qui, contrairement à l'individualiste égoïste et opportuniste, a compris que nous vivons, aujourd'hui plus que jamais, dans un monde complexe d'interdépendance où chacun est obligé à la solidarité et à la loyauté. Que nous sommes loin de l'entrepreneur pur et dur qui n'a pas su comprendre le peuple et qui a couru à la faillite parce qu'il n'était justement pas capable de solidarité envers le développement et le devenir collectif!

Ne l'oublions pas : le progrès collectif se situe dans la trajectoire du bien individuel. En principe, nous ne devrions pas avoir de problème chez nous puisque la loyauté, c'est notre tradition, notre héritage et aussi notre force.

Voilà qui sont les développeurs dont le Québec a aujourd'hui besoin. Des hommes et des femmes qui font rayonner leur enthousiasme et leur leadership. Des gens qui font appel à nos énergies plutôt que de faire le décompte de nos peurs, de nos doutes et de nos hésitations. Le développeur est à l'école, dans la recherche scientifique parce qu'il a l'esprit curieux. Le développeur est chez nos aînés parce que le vrai courage dure jusqu'au bout du voyage. Le développeur est chez le travailleur qui, boîte à outils à la main, n'a pas peur d'inventer et de bâtir.

Des développeurs, il y en a dans toutes les régions du Québec. Il faut cesser de montrer aux Québécois une image rapetissée d'eux-mêmes. Il faut créer une école qui accroche et qui offre l'avenir, et au lieu de dire à celui qui n'a pas d'emploi qu'il est un chômeur et un assisté social, au lieu de l'abandonner sur le bord de la route, encourageons-le à participer à notre devenir collectif.

Pour atteindre cet objectif, pour que le développement régional — dans son sens le plus large — prenne l'importance qui lui revient, il faut mettre fin à ces administrations qui remplacent les gouvernements. Il ne faut plus que les procédures remplacent les idées. Comme il ne faut plus que les discussions remplacent les décisions. Nous disposons au Québec d'une population qui a maintenant largement la formation nécessaire pour penser par elle-même et se prendre en main. Et on va l'aider à se prendre en main, en réorientant vers des instances locales et régionales les décisions qui concernent les affaires locales et régionales. Parce que c'est là, au niveau le plus proche des gens, qu'on prend non seulement les meilleures décisions, mais aussi les mieux informées, les plus efficaces et les plus rapides.

Le sens du réalisme

Depuis que je suis ministre responsable du Développement régional, j'ai toujours cherché à agir dans cet esprit : penser globalement pour mieux agir localement. Avec cette nouvelle façon de réfléchir, de produire, de ressentir la nouvelle société québécoise, une nouvelle façon de gouverner va s'imposer d'elle-même. Chaque développeur élaborera son modèle de développement pour son propre milieu et en comptant sur ses propres forces.

Le modèle actuel engendre des aberrations incroyables. Je me souviens, par exemple, d'un programme d'amélioration du drainage agricole. Quelle était la première question que l'agriculteur se posait devant ce programme ? Se demandait-il si son sol avait besoin de drainage ? Pas du tout. Sa première préoccupation était de savoir comment il pourrait tirer profit de ce programme. Simplement. Pourtant, il l'admettait lui-même sans réserve, il aurait préféré investir dans la génétique de son troupeau ou dans autre chose, car sa terre... n'avait pas vraiment besoin de drainage. Mais le programme concernait le sol, pas la génétique, pas autre chose. La conclusion s'imposait d'elle-même : en ayant recours à ce programme, pour ne pas le rater, il avait fait dépenser inutilement de l'argent au gouvernement et mal dépensé la sienne. Il ne fallait pas lui imputer la faute, c'est le gouvernement qui lui avait donné un mauvais signal.

La petite histoire du développement régional est remplie de ces exemples, aussi évocateurs que désespérants, qui font la preuve — comme si cela était nécessaire! — que chaque région est différente de l'autre, qu'aucune n'a la même vocation, les mêmes forces ni les mêmes faiblesses que ses voisines.

Je suis cependant persuadé qu'une véritable régionalisation est le premier pas — et peut-être le plus significatif, voire le plus difficile — que doivent faire ces développeurs qui, aux quatre coins du Québec, souhaitent ardemment participer à un gouvernement du Québec par les Québécois et pour les Québécois. Et ce n'est pas demain qu'il faut mettre en place cette structure de gouvernement participatif — la seule qui soit viable à long terme —, mais aujourd'hui, immédiatement.

Parce qu'il apparaît de plus en plus évident que l'on doit s'attaquer au développement de chacune des régions de la province afin d'éviter, notamment, la migration de chômeurs ou d'assistés sociaux vers les grands centres, ce qui ferait non seulement augmenter le taux de pauvreté des villes, mais risquerait également de transformer littéralement en ghettos les quartiers les plus défavorisés. Le seul fait d'investir dans la région de Montréal ne réglerait pas tous les problèmes. C'est pourquoi il faut résoudre les problèmes régionaux dans une perspective québécoise.

Souvenons-nous

Il faut se rappeler qui nous sommes.

Québécois partis pour l'Abitibi, une hache à la main, seul instrument de développement régional. Tout est différent aujourd'hui. Regardez... Il y a des hôpitaux, des écoles, de l'outillage, il y a ceci, il y a cela, un appareil régional extraordinaire pour développer de façon encore plus vigoureuse les régions. Oui, nous sommes passés de la hache à des outils de développement régional d'une incroyable qualité. Qu'est-ce qui fait que ça n'a pas marché? Où est l'erreur? Où est le défaut? Pourquoi avons-nous sombré dans cette déprime collective? Oui, admettons-le, nous sommes plus déprimés qu'au moment où l'on partait, la hache à la main défricher des coins reculés.

Il n'y pas de raison logique.

C'est entre les oreilles que ça ne va pas.

Nos structures sont dépassées.

Nous devons faire une conversion. Conversion à partir de ce qu'il nous reste d'estime de nous-mêmes.

Autrement, les régions n'iront nulle part. Le Québec n'ira nulle part. Personne ne va nulle part sans l'estime de soi, point de départ de toute transformation.

On est développeur ou on ne l'est pas. On y croit fermement ou on n'y croit pas du tout. Il n'y a pas de place pour les demi-mesures. Il faut passer à l'action, faire des gestes concrets, cesser de tourner en rond durant six mois à nous demander ce que nous allons faire et remettre au plus tôt le pouvoir à ceux qui connaissent leurs besoins, leurs manques et savent comment s'y prendre pour aller de l'avant. Il faut aussi donner une nouvelle intelligence au gouvernement pour qu'il soit capable de faire face à la musique et... de faire de nouveaux calculs. Pas de petits administrateurs à la petite semaine, toujours obsédés par la règle de trois. Parce que, trop souvent, les administrateurs gouvernementaux ont l'arithmétique facile et n'ont pas d'autre outil de calcul. Laissons un peu de côté cette arithmétique des chiffres pour penser à la vraie arithmétique de la société.

Il faut remettre à l'ordre du jour les valeurs de l'âme et du coeur. Avec l'âme et le coeur, on réinterprète les chiffres. On ne tient pas le même langage quand on a la vie en soi et l'intuition qui mène plus loin que le bout de son nez.

Les gens des régions connaissent mieux que personne ce qu'il y a à faire; donnons-leur la chance de faire leurs preuves.

C'est ça, finalement, que je défends : la chance au coureur.

La chance aux régions, mais avec de vraies décisions et de vrais budgets pour les mettre en oeuvre.

C'est notre seule véritable chance de créer un avenir collectif qui sera le fruit du labeur de tous et chacun.

L'intelligence du coeur

« Nul ne peut être heureux
s'il ne jouit pas de sa propre estime. »

Jean-Jacques Rousseau

À cause de la crise à laquelle l'État doit faire face, crise provoquée par l'importance de nos déficits, on en vient à évoquer la suppression massive de postes dans la fonction publique, le gel de la rémunération et le retrait, devenu inéluctable, de certains services collectifs. Mais il y a lieu de se demander ce qu'il adviendra alors des besoins actuels et futurs de la population. C'est entendu qu'il faut faire des choix. Pourtant, il faut aussi être réaliste et admettre qu'il est impossible pour l'État d'accroître à la fois les services et les prestations et de diminuer du même coup les impôts et les emprunts. Ce serait nous plonger dans un endettement encore plus grand et menacer davantage l'avenir des jeunes et des prochaines générations.

Le problème de la réduction de l'endettement — chaque enfant qui naît actuellement a une dette de quelques dizaines de milliers de dollars, ce qui est assez troublant — reste donc présent. Mais est-ce un problème insoluble? Oui, si nous nous entêtons à perpétuer les structures et notre façon d'agir actuelles. Non, si nous acceptons de transformer notre philosophie.

C'est donc hors des sentiers battus qu'il faut chercher la solution.

Une solution qui réside, je crois, dans la mise en place d'une nouvelle philosophie de l'action collective, ce qui allégerait le rôle de l'État dans certains domaines. Cela signifie non pas la disparition de toute action globale de la part de l'État, mais plutôt la nécessité pour celui-ci de faire une plus large part à la responsabilité des communautés et des individus, de leurs entités, davantage en mesure d'identifier les problèmes et d'appliquer directement les solutions dans leurs milieux respectifs. Certaines de ces entités existent déjà — que ce soit les groupes communautaires, les associations, les coopératives, les maisons pour femmes et celles pour les jeunes — , tandis que d'autres sont à inventer, à mettre sur pied.

Jusqu'à maintenant, nous avons marginalisé une telle action collective, communautaire et bien souvent bénévole. Pourtant, on ne peut manquer de remarquer l'essor considérable qu'a pris cette forme d'engagement depuis plus d'une décennie. À cause du désengagement — faute de moyens! — de l'État, le militantisme social s'est développé dans des proportions inimaginables. Une enquête menée en 1987 sur les activités bénévoles révèle d'ailleurs des chiffres stupéfiants : 5,3 millions de Canadiens, dont plus d'un million de Québécois, avaient, cette année-là, consacré une moyenne de 3,7 heures par semaine à une activité bénévole. Un travail estimé à douze milliards de dollars et qui embrassait aussi bien la lutte contre la pauvreté que les causes des jeunes, la défense des femmes, la promotion de l'environnement, et quoi encore. Et c'était en 1987.

Un autre sondage, plus récent celui-là, commandé par la Fédération des centres d'action bénévole, montre que la participation au bénévolat organisé, c'est-à-dire encadré par un organisme qui a une existence sur le terrain, a grimpé à 27,3 % de la population québécoise — un bond de près de 20 % en six ans! Au cours de cette même année, les bénévoles auraient consacré pas moins de 7,4 heures par semaine à leur activité, c'est-à-dire l'équivalent de 17,5 semaines! Et 26 % d'entre eux se sont voués à l'aide humanitaire, 18,9 % aux soins de santé, 17,1 % aux loisirs et aux sports, 10,7 % à l'éducation et 10,4 % à la religion.

Des responsabilités et des moyens

Ces chiffres sont révélateurs. Ils montrent que la population ne croit plus guère en l'État-providence, mais qu'elle est prête à se prendre en main. En outre, il y a ceux que l'on appelle les volontaires, c'est-à-dire tous ces gens qui, individuellement, s'occupent de parents, de voisins ou d'amis âgés ou invalides, ou encore ceux qui récoltent de l'argent pour des oeuvres de charité ou des organismes. Il y a fort à parier que cette progression va se poursuivre, compte tenu du désengagement de l'État d'un nombre sans cesse accru de services.

Malheureusement, jusqu'à aujourd'hui, la délégation de pouvoirs et de tâches aux organismes qui ont recours à l'action de bénévoles s'est un peu faite à la petite semaine, au cas par cas et sans planification. Sans véritables budgets, non plus. De ce fait, ces organismes restent fragiles, car leur action tout entière est soumise aux structures actuelles qui considèrent ce genre d'engagement comme marginal.

Or, on le constate, ce n'est plus le cas.

La valorisation de l'entrepreneurship individuel, axé sur le profit, tend à céder le pas à un entrepreneurship du coeur qui dépasse de beaucoup la simple question économique pour englober également la notion politique de changement.

C'est d'ailleurs pourquoi les gouvernements voient dans cette action et cet engagement communautaires une bouée de sauvetage. En effet, les organismes communautaires et les bénévoles se voient — et vont se voir — confier de plus en plus de responsabilités, à mesure que le gouvernement leur demandera ou leur imposera indirectement de suppléer à certaines tâches dévolues jusqu'ici aux services sociaux officiels.

Cependant, avant de procéder à un véritable transfert de pouvoirs et de responsabilités aux organismes bénévoles, on devra définir plus clairement le rôle que l'on entend leur faire jouer dans ce secteur et les mécanismes que l'on est prêt à développer pour faciliter financièrement la prise en charge de certains services publics par les groupes et les individus. L'État devra accepter d'orienter son aide financière vers ces organismes plutôt que vers les institutions, afin qu'ils puissent mettre à profit leur souplesse et leur esprit d'innovation.

Il y a cependant des dangers, il faut en être conscient.

Il ne faut pas que l'État, en se déchargeant de ses reponsabilités et en transférant certains services sociaux aux organismes du milieu, transforme le bénévolat en main-d'oeuvre gratuite. Peut-être devra-t-on alors édicter un « code de travail des bénévoles », mais en évitant les écueils qui altéreront le sens véritable de cette action et de cet engagement sociaux et feront des bénévoles, en quelque sorte, des dispensateurs de services institutionnels. Un autre danger, pour le moment inexistant en raison du sous-financement des organismes de bénévolat, risque cependant d'apparaître à plus ou moins brève échéance avec l'adoption d'un mode de financement qui remettra en question les services sociaux officiels. Ces derniers conserveront-ils quand même leur préséance ?

Je crois toutefois que ces difficultés peuvent être aplanies si l'on agit sur tous les fronts en même temps : les volontaires, les organisations caritatives et les services sociaux actuels. Le volontariat, celui qui agit généralement dans son environnement immédiat en prodiguant des soins et des services qui, sans cela, incomberaient aux services sociaux officiels, comme la garde de parents âgés ou invalides, est sans doute le plus mésestimé, à cause de la difficulté d'évaluer son action. Cependant, il ne fait aucun doute qu'il doit être davantage étayé parce qu'il souffre d'un manque chronique de soutien. Un volontaire, dont la tâche est plus accaparante qu'on ne le croit généralement, a besoin lui aussi de pouvoir faire ses courses ou prendre des vacances estivales normales. Mais comme l'État subventionne déjà des services sociaux et du personnel à temps plein pour veiller sur ceux qui n'ont personne d'autre, il hésite malheureusement à reconnaître l'importance sociale de ces volontaires. Persister dans cette attitude serait faire preuve d'un manque de clairvoyance, ce qui, à moyen terme, finira par augmenter substantiellement la charge de l'État. Il faut donc, au contraire, recruter plus de volontaires pour alléger les services sociaux. Mais pour y arriver, on devra mettre de l'avant certaines mesures incitatives.

Il faut aussi soutenir davantage les organisations caritatives, afin que non seulement elles développent concertation, information et actions, mais aussi qu'elles réussissent à recruter plus de bénévoles. Le bénévole type a entre trente-cinq et soixante-quatre ans et possède plus de seize années de scolarité. La plupart travaillent à temps plein et un faible pourcentage seulement est sans emploi. Les chômeurs et les jeunes n'ont visiblement pas encore été suffisamment mis à contribution — ni peut-être sollicités.

Une aide (vraiment) sociale

Ce sont ces gens-là qu'il faut, aujourd'hui, convaincre de la nécessité et de l'importance de leur engagement non seulement pour la collectivité, mais également pour eux-mêmes.

Si, en raison justement de la crise qui prévaut, de la rareté des emplois pour les chômeurs, de la crainte de l'avenir chez les jeunes et de l'isolement des personnes âgées, on se retire chez soi, force est d'admettre que l'épreuve sera encore plus difficile à supporter. Rien ne parviendra alors à effacer cette sensation douloureuse de solitude et d'impuissance. Il ne faut pas oublier que l'être humain est essentiellement social et qu'il a besoin de ses semblables pour satisfaire ses aspirations.

Au-delà de la nécessité économique du bénévolat et de l'action communautaire, la participation de chacun aux changements et à l'évolution de son milieu de vie peut, d'une part, permettre d'acquérir une expérience de travail qui s'avérera profitable lors de la recherche d'un emploi et, d'autre part, faire naître un sentiment de valorisation, un sentiment d'utilité sans lequel une existence ne peut être véritablement heureuse. Se consacrer aux autres, particulièrement dans le cas des chômeurs et des jeunes, peut même être une affaire de santé mentale parce que cela prévient l'isolement.

« Ne demandez pas ce que votre pays peut faire pour vous, mais demandez-vous plutôt ce que vous pouvez faire pour votre pays », disait John Fitzgerald Kennedy. Et si cela était vrai pendant les années soixante, ce l'est encore plus aujourd'hui, alors que la nécessité de réduire le rôle de l'État dans maints domaines est devenue une priorité. Il faut cependant faire attention, en cherchant à céder plus de responsabilités aux individus, à ne pas aboutir à la situation contraire qui consisterait en l'abolition ou la négation de tout rôle social de l'État. Ce serait remplacer un mal par un autre, plus néfaste encore.

D'où la nécessité de parvenir à un équilibre — qui ne sera sûrement pas facile à trouver, je l'admets, parce que cela exigera une remise en question globale de l'action sociale de notre société et des rôles de chacun.

Mais il faut le faire.

Et, pour y parvenir, il importe de mettre de l'avant une nouvelle dynamique qui amènera l'État à devenir moins omniprésent et, parallèlement, à s'acquitter avec plus d'efficacité et au meilleur coût possible des responsabilités qu'on lui aura laissées. Cela exigera toutefois un débat de société puisqu'il faudra déterminer quelles seront les limites — plus réalistes, il va sans dire — de l'intervention gouvernementale, comme il faudra aussi en évaluer clairement les conséquences, à moyen et à long terme, pour ne pas se retrouver de nouveau piégé dans une, deux, ou trois décennies.

Le gouvernement devra donc établir clairement les coûts réels de ses services sociaux et ceux des organismes de bénévolat. Si, pour l'instant, ceux-ci semblent offrir une base solide pour redéfinir l'avenir, il ne faut pas y voir une recette miracle. Car si l'on transfère les services publics aux organismes bénévoles, ces derniers devront se transformer de fond en comble puisqu'ils seront obligés de développer leur propre bureaucratie. Les économies que ces organismes permettront de réaliser risqueront, avec le temps, de s'estomper, de disparaître.

Il convient donc de concevoir une structure qui assurera un juste équilibre entre l'État et la collectivité, le public et le privé, les services « officiels » et les organismes bénévoles, une structure qui devra aussi et surtout demeurer souple et innovatrice.

Mais pour arriver à définir les lignes directrices de cette nouvelle philosophie de l'action collective et communautaire, et si l'on veut aller au-delà des simples palliatifs et procéder à une modification en profondeur, tant les groupes que les simples citoyens devront s'engager. Car ce sont les fondements mêmes de notre société que nous remettrons en question.

Nous n'avons pas le choix ou, plutôt, nous n'avons plus le choix : ni l'État-providence ni le néo-conservatisme — ou libéralisme absolu — n'ont pu s'imposer comme des solutions viables à long terme.

Il nous reste aujourd'hui à trouver une autre voie qui se situera, je n'en doute pas, au point de rencontre des initiatives sociales, individuelles et gouvernementales.

Les jeunes, c'est la faute à...

« À quoi sert la vie si les enfants
n'en font pas plus que leurs pères? »

Gustave Courbet

Les jeunes affirment que les parents ne les comprennent pas, que les professeurs ne les comprennent pas, que personne ne les comprend. Et, réflexion faite, ils admettront parfois qu'eux-mêmes ne se comprennent pas. Ils ne se sont jamais autant plaints que durant ces dernières années, non sans certaines bonnes raisons d'ailleurs, puisque eux aussi — et peut-être eux surtout — souffrent de la morosité ambiante et de l'absence de perspectives d'avenir.

La société, qui a vu sa morale et ses valeurs littéralement exploser au cours des dernières décennies, leur est devenue inintelligible, voire absurde, et cela n'a fait qu'accroître leur sentiment d'isolement et d'impuissance. Ils sont devenus pessimistes, très pessimistes, et les plus déçus se rencontrent peut-être parmi les plus généreux, car, plus et mieux que les autres, ils nous avaient prêté de nombreuses qualités et mis en nous tous ces espoirs dont les jeunes sont naturellement porteurs. Et puis, c'est un peu de notre faute aussi : nous avions parlé avec tant de plaisir de nos années de jeunesse, de l'enthousiasme de l'époque, des portes qui s'ouvraient, des libertés qui nous étaient tout à coup accordées...

Mais voilà, nous n'avons pas été à la hauteur. À peine sortis de l'enfance, tous ces jeunes ont acquis la certitude de ne plus avoir d'avenir.

Il faut dire qu'ils ont été les premiers frappés par la récession et la crise économique qui y est rattachée, le marché du travail s'est fermé devant eux. En même temps, la collectivité a été frappée par une crise des valeurs : les familles se sont démembrées, les parents ont appliqué la théorie du « laisser faire, laisser dire » dans l'intention louable de ne pas intervenir dans l'évolution et l'apprentissage des jeunes face à la vie et, surtout, de ne pas les traumatiser. Puis ils ont abdiqué lorsqu'ils ont constaté que les théories du docteur Spock et des autres spécialistes du même genre ne produisaient pas les résultats escomptés. Le système scolaire, alors véritable terrain d'expérimentation pour les technocrates et professionnels de toute nature, n'est pas non plus tout à fait étranger à cette démobilisation des jeunes.

Tout a pourtant été fait avec les meilleures intentions du monde. Il n'empêche que le résultat est le même : dérapage d'une génération tout entière, décrochage scolaire, délinquance, violence, alcoolisme, toxicomanie, et quoi encore. Certes, ce n'est pas encore l'émergence du phénomène des « enfants des rues » à la brésilienne, mais c'est tout de même, aujourd'hui, une situation qui concerne toutes les familles. Même celles qui sont sans histoire. Même celles qui sont les plus favorisées. Pour la simple et bonne raison qu'aucun enfant n'est foncièrement à l'abri de ces problèmes.

D'ailleurs, l'indifférence d'une bonne partie des jeunes à l'égard de la société et même de leur propre existence et de leurs difficultés reflète bien le dilemme dans lequel nous sommes plongés et le problème fondamental auquel nous sommes confrontés. Nous n'avons pas su rajeunir ces valeurs traditionnelles qui donnent un véritable sens à toute vie en collectivité.

No Future

Une société sans valeurs n'aboutit nulle part. Une société sans autorité, sans parents qui décident et qui aiment, sans enseignants qui enseignent vraiment, avec rigueur et méthode, une société sans discipline non plus, sans modèle, a peu d'avenir. Certains penseront peut-être que je prône un retour aux valeurs traditionnelles, au conservatisme. Soit. Mais, il faut tout de même reconnaître que c'est ce système qui a donné les meilleurs résultats. Je suis d'ailleurs persuadé que ce n'est pas parce que le contexte social a changé, que le tissu familial s'est transformé et que la société est plus mouvante qu'autrefois, que la recette n'est plus bonne.

Au contraire, il est sans doute plus que jamais nécessaire que les jeunes possèdent les moyens appropriés pour traverser ces moments de turbulence que l'on connaît aujourd'hui.

Mais comment et par où commencer?

Je rappellerai une anecdote qui remonte aux années où j'étais professeur et qui jette peut-être un éclairage intéressant sur la situation. Un de mes élèves me rapportait son cahier de devoirs dans un état pitoyable, jour après jour et malgré les avertissements que je lui donnais. Froissé, taché de beurre d'arachide et de confiture, le cahier laissait deviner ce qu'il avait pris comme collation. Je n'arrivais pas à comprendre pourquoi, malgré mes remontrances, ce garçon ne faisait visiblement rien pour remédier à la situation. Avant de sévir une bonne fois pour toutes et parce qu'avant de punir un élève je cherchais à comprendre les raisons de son comportement, je l'interpellai un soir à la sortie de l'école et lui dis : « Tiens! Je vais aller prendre un café chez vous... » Là, j'ai compris. Il ne pouvait pas me rapporter un cahier propre pour la simple et bonne raison que la seule table sur laquelle il pouvait travailler était la table de cuisine et qu'il ne disposait que d'un espace grand comme un trente sous pour étaler ses affaires.

Même si j'avais tiré les oreilles du petit gars ou lui avais serré le bras en le fixant dans les yeux et en lui disant, le regard menaçant : « Tu vas me donner une qualité de travail autrement meilleure que celle-là », ça n'aurait servi à rien. Il aurait toujours eu le même coin de table de cuisine, collé aux pots de beurre d'arachide et de confiture...

C'est la faute des parents...

On l'a entendue, celle-là!

Mais ce n'est pas complètement faux puisque l'exemple doit d'abord venir des parents. C'est à eux que revient la tâche première d'inculquer à leurs enfants le sens des responsabilités. On le sait, les jeunes aiment mieux revendiquer leurs droits qu'évoquer leurs responsabilités; il en a d'ailleurs toujours été ainsi. Mais, voilà : dans le cas de cette génération aujourd'hui en crise, les parents ont abdiqué.

Sont-ils coupables?

C'est sûr, beaucoup ont baissé les bras. Mais pouvaient-ils faire autrement? Ces parents-là sont plus démunis que démissionnaires. Ils ont crié, ils ont appelé à l'aide, ils ont demandé conseil, mais on ne les a pas entendus. Alors, ils se sont tus.

C'est pourquoi je dis qu'il est grand temps de restaurer l'autorité et la responsabilité des parents. Il faut offrir un soutien adéquat aux familles, particulièrement aux familles monoparentales toujours de plus en plus nombreuses. Il faut se rappeler qu'un enfant qui vit dans un milieu défavorisé risque davantage de connaître des déchirements familiaux, l'échec scolaire, le décrochage (qui frappe tout de même plus de 30 % de la clientèle scolaire), de connaître la délinquance, l'alcoolisme, la toxicomanie et de s'engager sur une pente difficile à remonter.

Il faut donc agir dès le plus jeune âge.

Cela commence à la maison. Et par une remise en question des gourous de la psychologie enfantine qui, pendant les années soixante et soixante-dix, nous ont contaminés avec leurs théories, nous ont culpabilisés en répétant à satiété que les parents devaient revoir leur façon d'être et d'agir. On a tellement bien réussi à les culpabiliser qu'ils n'ont plus osé faire quoi que ce soit. Ils ont laissé leurs enfants vivre leurs propres expériences sans rien leur imposer. Résultat? On ne sait plus aujourd'hui ce qui est bon ou mauvais pour un adolescent. Chaque parent travaille isolément dans son coin à imaginer une solution. Chaque famille fixe ses propres limites à ne pas franchir. On n'a plus de règles morales ni sociales sur lesquelles se reposer.

Et plus personne n'ose parler d'autorité parentale, de peur de se voir traiter de réactionnaire. Il faut pourtant réaliser que nous sommes devenus les élèves de nos propres enfants, qu'ils en sont venus à incarner le monde et ne sont plus ceux à qui il faut le faire comprendre. La non-intervention est définitivement pire que l'autoritarisme d'il y a trente ans.

Le plus curieux, c'est que, même si les parents ont l'impression d'être coupables, ils ne se sentent pas nécessairement responsables. Certes, ils se reprochent d'avoir trop travaillé, d'être sortis plus souvent qu'à leur tour, d'avoir divorcé, de ne pas avoir consacré suffisamment de temps à leurs enfants, mais... ils ne semblent pas prêts à modifier quoi que ce soit à leur style de vie. Une mentalité qu'il faut changer, sinon combien y aura-t-il encore d'enfants qui n'entreverront leurs parents que quelques minutes par jour et qui seront laissés à eux-mêmes. Il faut remettre à l'ordre du jour les notions d'amour, d'attachement, de tendresse. Il faut reprendre nos enfants dans nos bras et leur dire : « Je t'aime. » Vous rappelez-vous la dernière fois où vous l'avez fait?

Il faut la présence des parents.

L'institution familiale est en crise et elle doit se transformer. Je dis bien : se transformer. Parce qu'il ne s'agit pas simplement de revenir aux valeurs anciennes. Il faut, certes, rétablir une morale, l'autorité parentale, mais il faut aussi tenir compte de la réalité actuelle et, en ce sens, réorganiser et réimaginer la cellule familiale — ne serait-ce que pour tenir compte du phénomène des familles reconstituées.

Il n'y a pas de solution miracle. C'est un équilibre à recréer. Un travail de longue haleine au cours duquel nous devons tous réapprendre ensemble, les notions de valeur et de responsabilité.

Cela commencera par de petits gestes que chacun fera chez soi.

C'est la faute des professeurs!

Lorsque les parents sont dépassés par cette adolescence en crise, le blâme leur vient facilement — et rapidement — aux lèvres : c'est la faute des professeurs. Ils n'ont ni complètement tort ni tout à fait raison.

Pas complètement tort parce que les professeurs, tout comme les parents, ont été intoxiqués par les théories éducatives mises de l'avant au cours des années soixante et soixante-dix, ces théories qui faisaient croire aux premiers que les seconds n'étaient peut-être pas assez compétents pour éduquer leurs enfants, simplement parce que leur savoir était différent. Mais à force de s'entendre répéter par les uns et les autres qu'ils ne savaient pas élever leurs enfants, les parents se sont sentis déstabilisés et, du coup, ont abdiqué et délégué leur autorité à ceux qu'ils jugeaient sans doute plus aptes qu'eux-mêmes à appliquer ce nouveau savoir.

On peut sans doute reprocher aux enseignants de ne pas avoir suffisamment cherché à associer les parents à ces réformes, d'avoir laissé croire qu'ils prenaient dorénavant la situation en main et qu'ils pouvaient se substituer aux familles supposément défaillantes.

Les parents n'ont cependant pas tout à fait raison de blâmer le corps professoral : cette situation leur convenait plutôt bien, les libérant de leurs obligations. Cela leur laissait plus de temps pour découvrir cette société pleine de promesses et de liberté, et pour en profiter. Aussi ont-ils été rares à oser se lever pour dénoncer un tel gâchis.

On conviendra donc que le problème de l'éducation des enfants, puis de sa marginalisation, n'a pas qu'un seul responsable : nous sommes tous coupables, à un niveau ou à un autre. Mais la stagnation de notre économie a mis le feu aux poudres. Le taux de chômage, énorme chez les jeunes, a assombri les perspectives d'avenir et engendré ce phénomène de décrochage et de délinquance — les deux sont liés — que l'on connaît aujourd'hui. Les jeunes ne pouvant plus participer à la vie sociale se sont tout à coup sentis exclus, en dehors du coup.

Mais davantage que les parents et les professeurs, c'est peut-être notre système d'éducation lui-même qui a failli quelque part, la qualité de l'éducation étant un élément primordial de la qualité de vie de nos jeunes.

Aujourd'hui, on s'accorde à dire que cette qualité laisse à désirer, malgré toutes les ressources qu'on a investies dans ce système depuis les années soixante. Désaffection, laxisme, permissivité, voilà quelques-uns des maux qui frappent l'école d'aujourd'hui. Comment s'étonner dès lors que les jeunes eux-mêmes soient désabusés? L'école n'est plus ce milieu où les adultes de demain peuvent et doivent se préparer à remplir un rôle non seulement dans la société, mais aussi dans l'économie.

Au-delà de ces problèmes, on constate la nécessité de prendre les moyens pour réformer en profondeur notre système d'éducation et y réintégrer les notions de discipline, de rigueur, de dépassement de soi comme aussi la valeur d'excellence.

Il faut assurer aux jeunes une meilleure formation de base. C'est à ce prix seulement que nous pourrons les convaincre de poursuivre leurs études pour affronter le contexte social et économique qui prévaut aujourd'hui et qui est, il faut l'admettre, beaucoup plus compétitif qu'autrefois. Il n'est pas nécessaire de revenir aux classes austères d'antan. Le milieu peut être accueillant, mais il importe de mettre l'accent sur l'amélioration des programmes et la formation du corps enseignant. Les parents doivent aussi assumer leurs responsabilités et ne plus se désister comme cela a trop longtemps été le cas.

C'est une priorité.

Si l'on veut endiguer une fois pour toutes ce double phénomène du décrochage scolaire et de la démotivation des jeunes, il faut de plus leur laisser entrevoir de meilleures perspectives d'avenir, ce qui signifie l'intégration au marché du travail et l'accès à des emplois valorisants. On n'y parviendra que si l'école se rapproche du marché de l'emploi et que les entreprises font leur part en précisant leurs besoins et en acceptant d'investir dans cette formation.

Parce que la motivation des jeunes à poursuivre leurs études est intimement liée à l'existence, à l'émergence dirais-je, du développement économique.

C'est la faute des jeunes

Les jeunes aussi ont leur part de responsabilité dans leur démobilisation. Il est trop facile de ne blâmer que la société et les autres.

Le *No Future* qu'ils crient a bon dos.

Ils dénoncent leur non-avenir, alors que c'est parfois simplement leur crainte du lendemain qui leur empoisonne l'existence. S'il est vrai que la situation actuelle est loin d'être idéale, il faut aussi admettre que nous ne sommes pas, tout au moins pas encore, en situation de pays tiersmondiste. Je crois que ce sentiment de frayeur éprouvé par de plus en plus de jeunes leur permet de justifier leur passivité et leur démobilisation, avec un peu trop de facilité d'ailleurs.

Personne n'a jamais prétendu que la vie en société était facile. Il y a toujours eu et il y aura toujours des luttes à livrer, des batailles à gagner, des efforts à faire, des défis à relever. Or, c'est souvent là que le bât blesse : on ne fait plus d'efforts. Alors, comment espérer un résultat?

Je vois déjà bon nombre de jeunes me rétorquer : «À quoi bon faire des efforts puisqu'il n'y a pas d'emplois?» Il n'y en a pas suffisamment, d'accord, mais il y en a tout de même!

« Oui, mais j'ai un chum qui cherche un emploi depuis six mois sans rien trouver... »

« Oui, mais un de mes amis a perdu son travail quand l'entreprise a décidé de couper des postes... »

« Oui, mais... »

Chercher des précédents ne mène nulle part. C'est imaginer qu'il nous arrivera nécessairement la même chose. C'est baser son avenir sur de simples possibilités, et qui dit possibilité ne dit pas nécessairement réalité. Il y a même opposition entre les deux termes. Aussi longtemps qu'on reste dans le domaine du possible, on se tient éloigné de la réalité.

Si chacun adopte ce genre de raisonnement, il est entendu que personne ne fera plus rien de concret.

Et si l'on veut vraiment tenir compte des possibilités, il faut alors envisager toutes celles qui peuvent se présenter sans en omettre une seule. On se rendra compte ainsi qu'il peut y en avoir autant d'heureuses que de malheureuses.

Un point important à ne pas perdre de vue : s'il faut éviter tout excès de confiance, il faut par ailleurs vaincre toutes ces peurs inutiles qui ne manquent pas de surgir à l'occasion. L'avenir réel, celui que l'on vit au quotidien, est imprévisible — et différent pour chacun. Il ne faut donc pas s'en préoccuper outre mesure, mais plutôt chercher à améliorer le présent.

Il faut garder confiance, si ce n'est en la société, du moins en soi.

Parce que la peur du lendemain, l'incertitude face à l'avenir ne contribuent pas seulement à semer le doute, mais elles peuvent aussi nous empêcher de vivre. Qu'arrive-t-il lorsqu'on se laisse dominer par la peur des épreuves à venir? On cherche à s'évader au lieu de se fixer dans le présent. Voilà qui explique les problèmes toujours grandissants d'alcoolisme et de toxicomanie chez les jeunes.

Les jeunes ne pourront pas acquérir du jour au lendemain ces notions, ces valeurs, qui, justement, ne leur ont peut-être pas été assez inculquées, à savoir : effort, persévérance, dépassement de soi.

Mais il ne faut pas leur en tenir rigueur, c'est notre faute à nous, les adultes.

Aujourd'hui, toutefois, nous avons la responsabilité de redéfinir la cellule familiale et de transformer notre système d'éducation, de nous fixer pour l'une et pour l'autre des objectifs ambitieux et de faire les gestes qui s'imposent.

Je demeure cependant optimiste parce que, à mon avis, la vocation des jeunes, c'est un appel à la réussite... du moins à la tentative : la jeunesse a le droit à l'erreur et à l'échec, à condition qu'elle n'abdique pas. Elle a aussi le devoir de ne pas rester où nous en sommes. Sans avoir le pouvoir de compromettre la vie, elle possède celui de l'accomplir.

Lorsqu'elle le réalisera, un grand pas aura été fait.

Mais c'est à nous de lui donner confiance en elle.

Le Québec en désintox

*« Est moral ce qui fait qu'on se sent bien,
et immoral ce qui fait qu'on se sent mal. »*

Ernest Hemingway

Combien de fois n'avons-nous pas réussi à nous mobiliser pour faire des choses fabuleuses? Nous avons réussi à bâtir un pays, nous l'avons transformé au rythme de nos besoins et de nos attentes; la Révolution tranquille nous a permis d'équiper et d'outiller le Québec. D'une situation quasi tiers-mondiste nous sommes passés à une société de services. Nous avons réformé le système social, le système d'éducation, nous nous sommes dotés d'un système de santé qui fait l'envie de beaucoup. Mais, voilà, nous souffrons en quelque sorte de burn-out. Nous avons besoin d'un second souffle, de nouvelles idées.

Car l'outil majeur dont nous nous sommes dotés et qui s'appelle l'État n'est plus un outil ni un moyen, parce qu'il est devenu trop important, trop gros, qu'il s'est trop renforci et est ainsi devenu sa propre finalité. L'État, par l'intermédiaire de ses structures, de ses programmes et de ses ministères, fonctionne à partir de besoins qu'il s'est créés et se crée lui-même. On tripatouille dans le milieu sans prendre le temps de regarder à l'extérieur, de voir si les gestes que l'on fait sont fondés et, surtout, ont un effet concret sur les individus, sur la société. Tous ces gens qui composent le système me font un peu penser à des plombiers qui, les uns après les autres, tentent de rafistoler un tuyau qui fuit, avant qu'il ne fuie ailleurs un peu plus tard. Il y a toujours un tuyau qui s'engorge. Comme chacun ne s'intéresse qu'à son bout de tuyau — ses règlements, ses éléments de programmes, ses décisions —, plus personne ne prend le temps ou la peine de demander un plan général de cette foutue tuyauterie.

C'est pourtant ce qu'il conviendrait de faire.

Repenser l'État, coeur de notre société, où l'on croit que rien ne va plus. Il s'agit moins de savoir si nous avons besoin d'un État plus ou moins interventionniste que de savoir quel sens nous souhaitons lui donner. Simplement : l'État doit travailler à faire quoi? Sûrement pas à s'occuper de bouts de tuyaux qui fuient! Or, non seulement il s'en occupe, mais il continue d'en rajouter — des programmes.

Il faut dire : assez. Il faut tout arrêter. Ne plus adopter de lois ou de règlements pendant, je ne sais pas, disons «six» mois. Et pendant ces «six» mois : réfléchir. Cet instrument qu'on s'est donné — qu'on appelle les ministères — a été créé au cours des années soixante avec des objectifs bien précis qui visaient à faire face aux situations de l'époque. Or, la société a changé, tout comme les besoins de la collectivité. Mais l'instrument, lui, n'a pas changé et vise toujours les mêmes objectifs. C'est à ça que ces «six» mois de «pause» devraient servir : repenser les objectifs, les missions. Pourquoi tel ou tel ministère et en a-t-on encore vraiment besoin? Si oui, il faut redéfinir son rôle, mais à partir de trois principes :

• Cesser de relancer constamment le débat du plus ou moins d'État et définir le type d'État que nous voulons. Plus important sans doute qualitativement, mais moins quantitativement — c'est possible.

• Ne plus gérer le quotidien. L'État doit s'occuper de définir les grandes orientations et les grands principes qui guideront l'action collective.

• Déléguer aux gens du milieu l'action sur le terrain; que les décisions cessent d'être prises en vase clos par des fonctionnaires encadrés par des règlements et des normes qui ignorent les réalités locales ou régionales. Comment ces gens atteindront-ils, eux, leurs objectifs? On verrait le résultat au bout d'un an — on pourrait être étonné.

Voilà par quoi et par où il faut commencer. Parce que l'État doit travailler à faciliter la vie du citoyen et non pas la lui compliquer comme c'est malheureusement le cas encore trop souvent.

Changer la mentalité

Le Québec a besoin d'aller en désintox! Il faut faire comme dans les mouvements d'entraide pour alcooliques et toxicomanes et admettre, comme on le fait sur le plan personnel, qu'on a un sérieux problème sur le plan collectif. Nous devons inventorier nos qualités et nos défauts — constater que nous avons beaucoup de qualités, chercher à les exploiter et travailler à éliminer nos défauts. C'est vrai, nous connaissons nos bas-fonds. Mais, maintenant, nous allons enfin pouvoir revenir aux affaires vraiment importantes, parce que, depuis les années soixante, nous avons en quelque sorte vécu dans une forme d'euphorie sociale qui nous a conduit à des libertés pas toujours bénéfiques.

Il faut, notamment, que nous nous guérissions de notre mentalité d'« assisté » — c'est là le grand danger de notre société, un danger qui guette chacun d'entre nous. Penser que l'on peut être « assisté » par le papa, par la maman, par l'État, c'est se complaire dans un état de dépendance qui ne mène nulle part et qui nous permet d'abdiquer trop facilement.

Il faut apprendre à être autonome, tant comme individu que comme collectivité. Comprendre que, dorénavant, équitable ne signifie pas nécessairement égal, ce résultat d'une fausse équation qui nous a été imposé lors des années de la Révolution tranquille. Certes, si sur le plan du principe l'idée était bonne, dans la pratique, ç'a été une tout autre chose. Ce n'est pas à un ministère, un fonctionnaire, une machine gouvernementale centralisée à Québec de décider, par exemple, de la couleur ou de la taille des autobus scolaires, ni de décider à quelle heure ils doivent passer prendre les élèves le matin. Étonnamment, c'est pourtant ce qui se fait : c'est l'« appareil », à Québec, qui a décidé que tous les autobus devaient avoir soixante-douze places, que ce soit à Matane — pour dix élèves — ou en banlieue de Montréal, et qu'ils devaient commencer leur route à sept heures dix-sept plutôt qu'à sept heures vingt. Les programmes «mur à mur», les mêmes droits et les mêmes besoins à Montréal qu'à Alma, c'est un concept qui doit être revu et redéfini.

Bien sûr, la décentralisation que je prône signifie moins de personnel, un système allégé, des structures plus souples et, de ce fait, un changement radical. Mais c'est aussi un changement nécessaire qui nous permettra d'aller de l'avant avec de nouvelles idées. Après tout, nous avons déjà tout essayé ou presque, mes collègues d'aujourd'hui au gouvernement — moi —, tout autant que les gouvernements précédents, et ce, indépendamment des allégeances politiques. Chacun propose aujourd'hui — parfois sous le sceau de la confidence, parfois à voix basse, mais de plus en plus à voix haute et pour que ce soit justement discuté — des idées novatrices à propos desquelles, malheureusement, beaucoup trop se disent encore — et du même souffle, comme s'ils croyaient aller trop loin — que c'est la voie vers laquelle il faut maintenant oser se diriger : une réforme globale. Mais une réforme globale réalisée à partir d'un plan, d'une vision j'oserais dire, d'ensemble.

C'est là où nous en sommes, aujourd'hui. Et la véritable question qu'il nous reste à résoudre, ce n'est pas si nous allons le faire, mais quand nous allons « oser » le faire.

Avant cela, toutefois, il faut que quelqu'un décide d'en parler publiquement, au risque de se faire éreinter.

Le revenu annuel garanti

Il est déplorable que certaines idées soient, dès leur annonce, tournées en dérision à cause de l'image ou de la crédibilité de ceux qui les ont lancées ou défendues. Ça ne m'empêche pas aujourd'hui d'en reprendre une qui a notamment — et malheureusement — été défendue par les créditistes : celle du revenu annuel garanti. C'est probablement, à mon esprit, le meilleur projet qu'on ait lancé depuis bien longtemps. Mais les « messagers » en ont tué l'idée. Pourtant, l'application de ce programme de revenu annuel garanti permettrait sans aucun doute de donner un élan décisif à notre société.

Et qu'on ne vienne pas me dire que ce projet n'était pas réaliste.

Il existe présentement au Québec, pas moins d'un millier de programmes gouvernementaux de toutes natures, à commencer par les programmes économiques qui sont au nombre de trois cent cinquante, sans compter ceux des autres paliers de gouvernement. (Pour montrer que personne ne s'y retrouve et que chacun cherche à profiter, parfois abusivement, du système, on a même créé un logiciel qui permet à son utilisateur de trouver les programmes dont il peut tirer profit selon sa situation!) Outre le fait que le simple citoyen est dépassé, impuissant et ne sait plus où donner de la tête, il faut comprendre que l'appareil et les structures qui sous-tendent l'élaboration et l'exploitation de ces programmes gouvernementaux coûtent terriblement cher. Les programmes sont aussi, une fois lancés, d'une lourdeur désespérante.

La mode est présentement au guichet unique, à la réduction à quelques grands programmes seulement, mais pourquoi ne pas pousser cette logique jusqu'au bout et n'adopter qu'un seul programme : celui, justement, du revenu annuel garanti? Parce que si l'on inclut les allocations de chômage, les prestations d'aide sociale, les programmes de prêts et bourses, les allocations familiales et les subventions de toutes sortes, ces programmes équivalent actuellement à verser entre douze et quinze mille dollars à chaque personne, par année — administration comprise. Ça signifie, en pratique, que l'on pourrait verser environ dix milles dollars annuellement à chaque citoyen, dès sa majorité. Cela, bien sûr, je l'admets, reste à être calculé précisément, mais, chose certaine, tous les citoyens animés par une volonté de contribuer à l'évolution de la société y trouveraient sinon l'inspiration, du moins la motivation. Finis les mille programmes — et monsieur-tout-le-monde perdu dans son dédale —, finies les subventions ici et là, les programmes pour ci ou pour ça : un seul programme, un seul chèque.

Du coup, ça en sera fini de nous étourdir en lançant des idées l'une après l'autre, comme si nous cherchions à perpétuer l'euphorie des années de la Révolution tranquille. Pardonnez-moi l'expression anglaise, mais elle traduit si bien mon idée que je ne peux la retenir : nous en sommes aujourd'hui au *No more free lunch* . Nos moyens ne nous le permettent plus. Les temps où nous tolérions les pique-assiette, en faisant parfois semblant de ne pas les voir ou parce que notre coeur et notre porte-monnaie étaient grands ouverts, sont maintenant révolus.

Comme chaque citoyen sera concerné par cette réno-vation, chacun devra apporter sa contribution — ce n'est plus à celui qui reçoit de tout payer. Mais cette contribu-tion, en fait fort simple, sera à la portée de tous : chacun devra donner un sens à sa vie : la mère de famille pourra se consacrer à ses enfants, le travailleur aura un emploi, sinon l'État enrôlera pour l'exécution de travaux utiles à la col-lectivité, l'étudiant pourra étudier; et les aînés, les malades et les handicapés toucheront un montant qui leur permettra de vivre de façon honorable.

Tous les autres devront s'engager sur un plan ou un autre.

Et l'appareil gouvernemental, trop déshumanisé d'aujourd'hui, pourra enfin se consacrer au mieux-être collectif et aux grandes orientations — à cette fameuse gouverne que j'évoquais dans les premières pages.

Voilà ce que j'appelle un projet emballant. Parce que dès le jour où l'on se mettra à en parler — je ne parle même pas de le défendre —, dès le jour où ceux que l'on appelle les « décideurs », que j'espère toutes couleurs sociales et politiques confondues, se mettront à en parler, les citoyens ne pourront manquer de s'y intéresser parce qu'il les concernera dans leur quotidien. Et le quotidien, vous le savez et je le sais, il n'y a que cela de vrai.

Le service civil

Le revenu annuel garanti donnera à chacun la possibilité non seulement de satisfaire ses besoins essentiels, mais aussi de voir s'ouvrir l'horizon devant lui et cela — ne l'oublions pas : c'est toujours *No more free lunch* —, avec cette perspective d'engagement, de dévouement envers les autres, de participation à la vie collective.

Dans un tel système, les jeunes devront occuper une place prépondérante. Parce que, comme société, nous ne pouvons envisager d'avenir collectif si les jeunes ne retournent pas massivement à l'école, ne rejoignent pas tout de suite après le marché du travail et ne sont pas mis, systématiquement, à contribution comme partenaires actifs de notre société. Le programme de revenu annuel garanti favorisera des études plus longues qui pourront mener au doctorat et plus loin pour les chercheurs. De ce fait, le système d'éducation retrouvera cette véritable créativité qui doit le caractériser. Bien sûr, certains préféreront le marché du travail, qu'à cela ne tienne! Ils auront reçu, à l'école, la formation qu'ils souhaitaient, cela pourra en faire des producteurs de richesses et d'expériences pour eux-mêmes et pour la société.

S'il n'est pas à l'école, s'il n'est pas au travail, l'étudiant sera alors actif dans un programme national de service civil, et il sera bien entendu que celui qui n'y participera pas n'aura pas droit au revenu annuel garanti. Ce service civil devra coller à la réalité et aux besoins des régions, des municipalités — être un instrument à leur service; il visera donc l'exécution de tâches pratiques essentielles au bonheur et à la qualité de la vie dans notre société. Il sera également guidé par trois objectifs principaux :

• La protection de l'environnement. Cela pourra toucher la préservation et le nettoyage des berges et des lacs, le reboisement de nos forêts, l'entretien de nos parcs, la « surveillance » de la faune et de la flore, etc., le tout sous la tutelle des municipalités ou des régions.

• L'entretien et l'embellissement. Cela pourra aller du nettoyage à la peinture, à la restauration — c'est l'embellissement de nos sites par des travaux simples, toutes choses ne pouvant être réalisées sans une main-d'oeuvre dévouée et intéressée. Ce sont les municipalités et les régions qui devront les superviser.

• Les travaux communautaires. Le service civil devrait aussi pouvoir répondre à toute demande formulée par les municipalités ou les régions, ou encore par les organismes qui chapeautent ce genre d'activités. Cela pourrait aller du gardiennage à l'assistance auprès des maisons de thérapie pour alcooliques et toxicomanes; à l'aide auprès des maisons pour femmes ou pour jeunes; à l'assistance auprès des familles nécessiteuses, des personnes âgées, des malades, des handicapés, voire des travailleurs sociaux.

Soyons humains et vivants

Ce ne sont là que quelques-unes des idées que j'ai développées au fil des années et sur lesquelles j'entends revenir au moment opportun. Je crois que, pour l'instant, elles peuvent contribuer au débat actuel — quitte à ce qu'on les oppose à d'autres. Si l'on en a de meilleures, je suis prêt à les écouter.

N'oublions pas, nous sommes dans une période où nous devons redéfinir notre société — et l'État, du même coup — et c'est pourquoi j'aime cette période peut-être plus qu'aucune autre que j'ai connue, une période pour laquelle je nourris aussi beaucoup d'espoir. Parce que c'est une période vivante, humaine, et que les paroles vivantes, humaines, peuvent désormais être exprimées.

Nous n'avons qu'à dire ce que nous voulons, individuellement et collectivement.

Cela fait, il sera facile d'agir.

Vingt ans de vie politique

« Une vie inutile est une mort anticipée. »

Goethe

Je crois qu'en tant qu'être humain on ne peut jamais être totalement satisfait de soi. Quand on y pense bien, chacun pourrait se dire qu'à un moment ou à un autre il aurait pu faire un peu mieux ou un peu plus. C'est valable aussi, et peut-être surtout, en politique, car les embûches y sont plus importantes, les problèmes innombrables et le nombre d'intervenants dans le processus décisionnel est souvent trop considérable. Je crois que toutes les femmes et tous les hommes politiques, quels qu'ils soient, en sont pleinement conscients et c'est ce qui explique, à mon avis, que la plupart ne peuvent se résoudre à quitter la vie politique, parce qu'on n'est jamais pleinement satisfait de ses actions et de ses réalisations. Il y a toujours quelque chose en quoi nous croyons, quelque chose qui nous avait parfois incités à nous lancer dans cette aventure et qui nous laisse avec une impression d'inachevé. Alors, on se dit qu'avec peut-être quelques mois de plus, un autre mandat, eh bien... Mais il y a toujours du travail qui n'est pas terminé, qui reste sur le métier, qu'on veut mener à terme. Par devoir ou simplement par satisfaction. Non, vraiment, quitter la politique n'est pas chose facile.

Quand j'ai été élu en 1973, je m'étais dit que j'allais faire un mandat, changer les choses que j'avais en tête, en amorcer quelques autres, puis que je quitterais. Très honnêtement, j'étais convaincu, à ce moment-là, que je n'aurais qu'un mandat à remplir. Mais lorsque j'ai commencé à rappeler ma décision à mon entourage, à mes amis, aux gens engagés dans la politique au niveau de mon comté, aux organisateurs qui avaient travaillé pour moi en 1973, tous se sont mis à me dire : « Allons! Yvon, tu ne vas tout de même pas nous laisser tomber! Il y a encore plein de choses à faire, ce n'est pas le temps de partir. »

Je suis resté. Parce qu'effectivement il y a toujours quelque chose à faire. En 1976, il y a eu les élections, puis la course à la direction du parti provoquée par le départ de monsieur Bourassa. Je me suis dit que j'allais attendre de savoir qui lui succéderait. Parce qu'un nouveau chef, ce sont de nouvelles idées. On était dans l'opposition. On sentait souffler un vent de renouveau. Plein de nouveaux défis à relever.

Je ne parle ici que de 1976, mais il en a été de même pour les années suivantes. J'évoquais un possible départ avant chaque scrutin — je l'ai toujours fait, et je le ferai jusqu'à ce que je parte, je crois. Mais, chaque fois, il y avait des événements ou des gens pour me convaincre de rester un mandat encore.

Ça fait que je suis toujours là.

Vingt ans que je continue de rester pour... un mandat encore.

Dépanneur social!

Je disais que les choses ne changent pas toujours comme on l'aurait souhaité et jamais aussi rapidement qu'on le voudrait, d'où ce sentiment d'inachevé.

C'est vrai. Mais cela demande aussi quelques précisions.

Il ne faut pas croire, par exemple, qu'on ne réussit jamais à mener un dossier à terme. On y parvient, mais c'est toujours beaucoup plus difficile qu'on ne se l'était imaginé au départ. Parce qu'il faut convaincre la machine gouvernementale de la justesse de son idée, vaincre les réticences et donner un élan pour que les changements se réalisent et aient des effets tangibles.

J'ai toujours dit que la politique était faite pour les personnes qui ont une carapace résistante et qui savent faire preuve d'un certain entêtement. Si je n'avais pas eu ces qualités et si, au moindre obstacle, je m'étais laissé abattre, il y a probablement seize, dix-sept ou peut-être même dix-huit ans que j'aurais quitté la politique. Or, je suis toujours là. Toutefois, au fil des années, j'ai acquis une expérience non seulement de la politique, mais aussi de la vie. Je compte, bien sûr, mes trois années de député d'arrière-ban, mes huit années dans l'opposition et mes sept années de participation au Conseil des ministres, mais surtout — et c'est pour cela que je parle d'expérience de vie — le travail que j'ai fait auprès des gens de mon comté et pour eux. Je l'ai dit dans un précédent chapitre, même devenu ministre, je suis resté proche des membres de ma communauté. J'ai continué d'assister aux événements sociaux, comme les soirées de l'âge d'or et les réunions de l'AFEAS, tout comme j'ai continué à répondre aux invitations que je reçois à l'occasion des baptêmes, des mariages, des funérailles. Je ne compte plus le nombre d'événements auxquels je participe chaque année.

Si cela revêt une telle importance pour moi, c'est que je peux alors rencontrer mes électeurs et parler à fond avec eux des choses qui les intéressent — ce qu'ils voudraient que je fasse, ce qu'ils voudraient que l'on fasse comme gouvernement, comme société. Ce qu'eux-mêmes voudraient faire également. C'est là aussi que je prends connaissance des problèmes que le simple citoyen rencontre dans ses contacts avec l'appareil gouvernemental, des difficultés auxquelles il est confronté. On me demande conseil. On me demande si je ne peux pas faire quelque chose. Je prends des notes, mais on me glisse aussi des bouts de papier sur lesquels sont griffonnés des questions ou des problèmes, on me demande d'intervenir.

Je m'occupe de chaque personne qui vient me parler, me demander un service. J'essaie de ne jamais rien oublier. Parce que si le problème qui m'est présenté peut parfois me sembler futile, il est, pour la personne concernée, très important. Primordial. C'est son problème.

J'accorde d'autant plus d'importance à ces problèmes que la personne s'est donné la peine de venir me voir et de m'en parler — parce qu'on me rend visite lorsqu'il y a des problèmes, rarement sinon jamais parce que ça va bien ou pour nous féliciter pour un projet de loi que nous avons adopté. J'apprécie l'effort de ces gens : téléphoner pour solliciter un rendez-vous, venir jusqu'à mon bureau me raconter leur problème et m'exposer tout ce qu'ils ont déjà tenté pour le résoudre. J'accepte, parce que c'est dans mon rôle de député d'être là et de tenter de trouver une solution. Un député, un vrai député, se doit d'être au service de sa population; il doit s'occuper des problèmes qu'on lui soumet et savoir qu'aucun n'est insignifiant. Nous sommes finalement des dépanneurs sociaux. Je pourrais citer de mémoire des dizaines de cas où j'ai rendu service. Donner le nom de la plupart des centaines de personnes que j'ai aidées.

Il faut être capable de chausser ses bottines!

Moi, j'en suis capable et c'est pourquoi je suis réélu à chaque scrutin, il n'y a pas de miracle là-dedans. Je m'occupe de mes gens. Même quand des problèmes ne sont pas de mon ressort. Il y a plein d'initiatives à prendre pour aider les gens. Tenez! Au printemps, je libère un employé de mon bureau pour qu'il se rende dans les résidences pour personnes âgées afin d'aider celles-ci à remplir leurs déclarations d'impôts. Il faut comprendre que ces gens-là sont vulnérables, ils n'ont plus ni la santé ni les yeux qu'ils avaient, ils ne veulent pas se confier à leurs voisins de peur qu'on ne fasse état de leur situation financière, ils reçoivent des formulaires parfois incompréhensibles, on leur pose des questions auxquelles ils ne savent pas trop quoi répondre. Ils craignent qu'on ne leur coupe une partie de leur pension. Ils ont peur, et c'est normal.

Oui, il y a plein de choses à faire pour aider les gens.

Pour les trouver, il s'agit simplement de chercher à se mettre dans la peau de ceux qui attendent de l'aide. Ça vient vite, les idées!

Grâce à cela, lorsque je fais le bilan de mes vingt ans de vie politique, je suis assez satisfait. Mais je suis aussi suffisamment réaliste pour admettre que je n'aurais pu accomplir tout ce que j'ai fait si la population ne m'avait pas appuyé, si elle ne s'était pas associée à mon travail et ne m'avait pas fait des suggestions. Bien sûr, je l'admets, nous n'avons pas toujours obtenu tous les résultats que nous souhaitions ou que nous étions en droit d'attendre, mais nous avons tout de même parcouru un bon bout de chemin.

C'est sans doute cet aspect de la vie politique qui m'a apporté le plus de satisfaction : des contacts humains sans pareils, des expériences irremplaçables. Une richesse de vie.

Et aujourd'hui? et demain?

On me demande toujours si je vais encore me présenter aux prochaines élections. Honnêtement, je ne sais pas. Peut-être. Sans doute. Mais il est évident que j'ai passé plus d'années en politique qu'il ne m'en reste à vivre. Il me faudra bien, un jour, moi aussi, céder ma place. Et je le ferai sans regret ni amertume parce que j'aurai vécu des choses formidables et connu des gens fantastiques.

« Yvon, tu vas faire quoi quand ça va être fini? »

Je ne sais pas, du moins pas précisément. Peut-être aimerais-je m'orienter vers les communications. Cela m'a toujours fasciné. Mais peut-être aussi poursuivrai-je ce but qui a guidé ma vie et continuerai-je à me consacrer à la collectivité en offrant une forme ou une autre d'aide.

Ce n'est pas encore aujourd'hui demain.

imprimerie gagné ltée

IMPRIMÉ AU CANADA